山东馆藏文物精品大系

青铜器卷

山东省文物考古研究院　编

叁

春秋篇

科学出版社
北京

图书在版编目（CIP）数据

山东馆藏文物精品大系. 青铜器卷：全6册 / 山东省文物考古研究院编. -- 北京：科学出版社, 2024. 9. -- ISBN 978-7-03-079541-0

Ⅰ. K872.520.2；K876.412

中国国家版本馆CIP数据核字第2024MB5447号

责任编辑：王琳玮 ／ 责任校对：邹慧卿

责任印制：肖　兴 ／ 书籍设计：北京美光设计制版有限公司

科学出版社 出版

北京东黄城根北街16号

邮政编码：100717

http://www.sciencep.com

北京华联印刷有限公司印刷

科学出版社发行　各地新华书店经销

*

2024年9月第 一 版　开本：889×1194　1/16

2024年9月第一次印刷　印张：118

字数：3 400 000

定价：2980.00元（全六册）

（如有印装质量问题，我社负责调换）

编委会

参编人员 （按照姓氏笔画排序）

丁一斐	丁露刚	于 勇	于法霖	万 菲	王 青	王 欣	王 勃	王 勇
王 敏	王 焕	王 滨	王 磊	王冬梅	王忠保	王相臣	王树栋	王昱茜
王倩倩	王淑芹	王新刚	王新华	王德明	尹传亮	尹秀娇	尹继亮	邓庆猛
史本恒	曲 涛	吕宜乐	任庆山	任妮娜	刘云涛	刘安鲁	刘好鑫	刘丽丽
刘洪波	刘鸿亮	齐向阳	衣可红	衣同娟	汲斌斌	阮 浩	孙 威	孙全利
孙名昌	孙建平	牟文秀	闫 鑫	苏 琪	苏建军	李 娟	李 晶	李 斌
李秀兰	李林璘	李建平	李顺华	李祖敏	李爱山	李景法	李翠霞	李慧竹
杨昌伟	杨晓达	杨海燕	杨淑香	杨锡开	肖守强	何绪军	宋少辉	宋文婷
张文存	张世林	张伟伟	张仲坤	张英军	张春明	张爱敏	张婷婷	张慧敏
陈 魁	陈元耿	陈晓丽	陈翠芬	昌秀芳	金爱民	周 丽	周 坤	郑建芳
郑德平	房 振	赵 娟	赵孟坤	赵常宝	胡 冰	胡可佳	柳建明	柳香奎
侯 霞	姜 丰	袁晓梅	耿 波	聂瑞安	徐义永	徐吉峰	徐倩倩	奚 栋
高 雷	郭 立	郭公仕	郭贤坤	桑声明	曹胜男	崔永胜	崔胜利	鹿秀美
阎 虹	梁 信	董 艺	董 涛	韩升伟	程 红	程 迪	傅吉峰	蔡亚非
颜伟明	潘雅卉	燕晴山	穆红梅	魏 萍				

参编单位

山东省文物考古研究院	山东博物馆	山东大学博物馆
孔子博物馆	济南市博物馆	济南市考古研究院
济南市长清区博物馆	济南市章丘区博物馆	济南市济阳区博物馆
济南市莱芜区博物馆	平阴县博物馆	青岛市博物馆
青岛市黄岛区博物馆	莱西市博物馆	胶州市博物馆
平度市博物馆	淄博市博物馆	齐文化博物院
临淄区文物考古研究所	桓台博物馆	沂源博物馆
枣庄市博物馆	滕州市博物馆	东营市历史博物馆
烟台市博物馆	海阳市博物馆	莱州市博物馆
蓬莱阁景区管理服务中心	栖霞市牟氏庄园管理服务中心	龙口市博物馆
长岛海洋生态文明综合试验区博物馆	招远市博物馆	潍坊市博物馆
潍坊市寒亭区博物馆	安丘市博物馆	昌乐县博物馆
昌邑市博物馆	高密市博物馆	临朐县博物馆
青州市博物馆	寿光市博物馆	诸城市博物馆
济宁市博物馆	济宁市兖州区博物馆	泗水县文物保护中心
嘉祥县文物旅游服务中心	邹城市文物保护中心（邹城博物馆）	
泰安市博物馆	新泰市博物馆	宁阳县博物馆
肥城市博物馆	威海市博物馆	荣成博物馆
日照市博物馆	五莲县博物馆	莒州博物馆
临沂市博物馆	费县博物馆	蒙阴县文物保护中心
莒南县博物馆	兰陵县博物馆	平邑县博物馆
沂南县博物馆	沂水县博物馆	郯城县博物馆
菏泽市博物馆	巨野县博物馆	成武县博物馆
惠民县博物馆	邹平市博物馆	阳信县博物馆

凡　例

1.《山东馆藏文物精品大系·青铜器卷》为"山东文物大系"系列的组成部分，共六卷。第一卷：夏商篇；第二卷：西周篇；第三、第四卷：春秋篇；第五卷：战国篇；第六卷：秦汉篇。

2. 本书所选器物，均由山东省内各文物收藏单位、考古机构提供，再由编者遴选。以出土器物为主，兼顾传世品；突出考古学文化代表性，兼顾艺术特色。所收资料截至2022年。所收照片、拓片除了各文物收藏单位提供的之外，有较多数量文物是编著单位专门到各收藏单位重新拍摄、拓取的；器物描述多数也经过编者的修改。

3. 文物的出土地点尽量标注出当时的出土地点名称及现今的行政区划，可以具体到小地点的，使用最小地点名称。一些早年出土的文物，现在无法确定行政单位的，按照各收藏单位早年登记的地点。

4. 文物的收藏单位以文物的实际所有单位为准。

5. 关于器物的编辑排序、定名、时代等的说明。

编辑排序：首先，按照时代排序：岳石、商、西周、春秋、战国、秦、西汉、新莽、东汉。其次，在按时代排序的基础上，按器类排序：容器、乐器、兵器、车马器、工具、度量衡及其他等。每一卷的器物顺序参考《中国出土青铜器全集》，每一类器物的顺序也是按照时代排列，如果某种器物数量较多，先分类，每一类也是按照时代顺序排列。

定名：仅列器物名称，不加纹饰、铭文等。

器物有铭文或者纹饰的，尽量用照片和拓片表现，文字说明为辅助。

成组的器物根据器物的保存状况尽量成套展示。

目 录

鼎 春秋

1982年泰安市城前村出土

现藏泰安市博物馆

通高26、口径28.6厘米

敛口，圆唇，斜折沿，鼓腹，圜底，三蹄足，双立耳微外撇。腹部有窃曲纹一周，二足稍残。耳外有双阴线装饰，腹内有铭文十五字："鲁侯乍姬寥朕鼎其万年眉寿永宝用。"

鼎 | 春秋
1973年济南市章丘区大站水库出土
现藏济南市章丘区博物馆
通高24.2、口径25.5厘米

方唇，窄折沿，鼓腹，圜底，三蹄形
足，两立耳。上腹部饰一周重环纹，下腹
部饰两周垂鳞纹，两组纹饰带以凸棱相
隔，立耳外侧有阴线纹装饰。腹内壁有铭
文二十字："郭甘口肇乍障鼎其万年眉寿
子子孙孙永宝用享。"

鼎 | 春秋

1980年日照县（现日照市）东港区邱前村出土

现藏日照市博物馆

通高24.4、口径25.4厘米

圆唇，窄平沿，深腹稍鼓，圜底，三蹄形足，方形立耳微外撇。腹上部饰一周窃曲纹，中部饰两周垂鳞纹，耳外侧饰阴线纹。

鼎 春秋

1976年日照县（现日照市）经济开发区崮河崖墓地出土

现藏日照市博物馆

同出2件，形制基本相同，大小相似

一件通高15.3、口径17厘米；

另一件通高15.2、口径16.5厘米

方唇，窄折沿微上翘，鼓腹，圜底，三蹄形足，立耳微外撇。腹部有一周凸棱，凸棱以上为重环纹，下腹部为垂鳞纹，耳外侧有阴线纹。

右

左

5

鼎 | 春秋
1966年费县黄崖村出土
现藏费县博物馆
通高27、口径29厘米，重量6.15千克

　　口微敛，方唇，窄折沿，深腹稍鼓，圜底，蹄形足，两耳立于沿上。腹中部饰凸棱纹一周，凸棱纹上饰重环纹一周，凸棱纹下饰变体夔纹一周。腹内壁上铭文十五字："佳曾子□□吉金自作宝鼎子孙用享。"

鼎

春秋

1984年济南市长清县（现长清区）南府村出土

现藏济南市长清区博物馆

通高23.5、口径26厘米

方唇，折沿，浅鼓腹，圜底，三蹄形足，两立耳微外撇。上腹部饰一周窃曲纹，下腹部一周变形卷体龙纹，两周纹饰之间有一周宽凸棱。

鼎 春秋

1972年邹县（现邹城市）下山庄出土
现藏邹城市文物保护中心（邹城博物馆）
通高26、口径25厘米

　　圆唇，窄斜沿，浅鼓腹，圜底，三蹄足，双立耳。腹中偏上部有一道凸棱，将腹部纹饰分成上下两部分，上饰窃曲纹，下饰变形龙纹，双耳外侧饰重环纹。内壁铭文三行十七字："弗敏父作孟姒□媵鼎，其眉寿万年永宝用。"

鼎 | 春秋

1981年蓬莱县（现烟台市蓬莱区）战马张家村墓出土

现藏蓬莱阁景区管理服务中心

通高35.5、口径36厘米，重12.3千克

敛口，圆唇，窄折沿，浅鼓腹，圜底，三蹄足，双立耳微外撇。腹中部饰凸棱一周，上腹部饰一周变形夔龙纹，圆目凸出，足根饰浮雕兽面纹，耳外部饰阴线装饰。

鼎 春秋

2004年莒南县中刘山村出土

现藏莒南县博物馆

通高27.8、口径26.6厘米

　　方唇，平折沿，鼓腹，圜底，三蹄足，立耳外撇。腹部饰窃曲纹带一周，腹下部有凸棱一周，足上部饰有浮雕兽面纹。

鼎 ｜ 春秋

1995年长清县（现济南市长清区）仙人台遗址M6出土

现藏山东大学博物馆

通高26.5、口径30.6厘米

　　方唇，折沿，腹稍鼓，圜底，三蹄形足，附耳。颈部饰一周窃曲纹，其下有一周凸弦纹，腹部饰由三周垂鳞纹组成的纹饰带，耳外侧饰窃曲纹。

鼎 | 春秋
1982年临沂市凤凰岭春秋墓出土
现藏山东省文物考古研究院
通高53.5、通宽57.5、口径53.4厘米

　　器型厚重。方唇，斜折沿，圆鼓腹，圜底，三蹄形足，足内侧平，两立耳外撇。腹部一周蟠螭纹带，纹饰简化，几何化倾向明显，纹饰带下一周凸棱。三足补铸痕迹明显。

鼎 春秋

2012年沂水县纪王崮墓葬出土

现藏山东省文物考古研究院

通高59.5、口径55.5厘米

平折沿，方唇，鼓腹微垂，大圆底，粗壮蹄足，立耳外撇。盖微隆，盖面中部有一桥形纽，盖两侧内凹呈山形与鼎耳相扣接，另两侧有对称的不规则形錾。腹部饰六个扉棱及两周窃曲纹，足根部饰兽首，耳外侧饰吐舌龙纹。盖面饰窃曲纹。腹内壁铭文为："华孟子作中叚氏妇中子媵鼎，其眉寿万年无疆，子子孙孙永宝用享。"

鼎 | 春秋
1978年沂水县刘家店子墓地M1出土（M1：2）
现藏山东省文物考古研究院
通高48、通宽51厘米

　　厚方唇，窄平沿，垂腹，圜底，三蹄形足，两
立耳微外撇。腹部有两周凸棱，凸棱之间一周纹
饰、凸棱之下一周纹饰。纹饰均为简化的兽面纹。
同出2件，大小稍有差异。

鼎 春秋
烟台市蓬莱区柳格庄古墓群出土
现藏烟台市博物馆
通高41、口径38厘米

方唇，窄折沿，深腹微鼓，圜底，三蹄形足，两附耳微外撇。耳外侧有蟠螭纹，腹部两周蟠螭纹，每组纹饰下有一周凸棱，上饰短竖线，上腹部的纹饰以粗短的扉棱作间隔，足根有浮雕兽面装饰。

鼎 | 春秋

1976年平邑县邱上村出土

现藏平邑县博物馆

通高27、口径24厘米

口微敛，厚方唇，平折沿，深腹略呈垂腹，圜底较平，三蹄形足，口沿部立耳外撇。腹部饰两周凸棱，凸棱之间饰一周变形云纹，以粗短扉棱为间隔，足根饰兽面纹。

鼎 春秋

滕州市木石镇东台村出土

现藏滕州市博物馆

通高20、口径23.6厘米

圆唇，平折沿较宽，立耳稍外撇，折腹，圜底，下承三蹄形足。器腹上部饰一周重环纹，纹饰较浅。

鼎

春秋

栖霞市苏家店镇西店村出土

现藏栖霞市牟氏庄园管理服务中心

通高27、口径28厘米，重6.5千克

　　方唇，窄平沿外折，浅弧腹，圜底，三蹄状足，两立耳外撇。腹中部有粗凸棱一道，凸棱以上饰窃曲纹，凸棱以下饰变形夔龙纹。锈蚀严重，腹外底部尚存较厚的烟炱。

鼎　春秋

1984年黄县（现龙口市）台上李家村出土

现藏龙口市博物馆

通高21、口径24厘米，重3.376千克

　　薄方唇，斜折沿，圆鼓腹，圜底，三蹄足，两立耳微外撇。颈部纹饰为横向重环纹、卷云纹间隔分布，腹部有一周凸棱，上、下各有一周纹饰，下腹部的纹饰为垂鳞纹，但垂鳞纹与常见的有些差异，单个垂鳞呈上小下大状，三足根为简化兽面纹，只表现圆目、尖鼻。

鼎 | 春秋
1969年烟台地区（现烟台市）上夼村东墓地出土
现藏烟台市博物馆
通高20.4、口径24.3厘米

圆唇，折沿，腹微鼓，圜底，三蹄足，双立耳。腹部饰一周重环纹，上下各有一周粗凸棱。腹内壁铸铭文四行二十二字（重文二字）："其侯易弟叟辝或，弟叟作宝鼎，其万年子子孙孙永宝用。"

鼎 ｜ 春秋

1974年黄县（现龙口市）大于家村出土

现藏龙口市博物馆

通高20.8、口径27.5厘米，重3.918千克

　　厚方唇，窄沿，腹稍鼓，圜底，三蹄形足，两立耳微外撇。
上腹部一周宽凸棱，口沿下一周重环纹。

鼎 | 春秋
1983年蒙阴县诸夏村出土
现藏蒙阴县文物保护中心
通高24.7、口径25.2厘米

敛口，方唇，折沿，浅鼓腹，圜底，三蹄足，立耳微外撇。腹上部饰重环纹，腹中部一周凹槽，耳外饰两道阴线。

鼎 | 春秋
1987年日照市东港区楸齐园村委征集
现藏日照市博物馆
通高29、口径30.8厘米

　　厚方唇，窄折沿，弧腹，圜底，三蹄形足，足内侧内凹，立耳稍外侈。腹中部一周凸棱，口沿下饰重环纹。腹内似有一标识。

鼎 | 春秋
　　 | 馆藏
　　 | 现藏日照市博物馆
　　 | 通高22.4、口径23厘米

　　厚方唇，窄平沿，浅腹圜底，三粗壮蹄形足，足根凸起，沿上立方形耳，略外撇。腹部饰有一圈重环纹。

鼎 | 春秋
1966年临沂专区（现临沂市）李官庄出土
现藏临沂市博物馆
通高26.9、口径28.1厘米

　　方唇，窄折沿，浅腹，圜底，下附三蹄足，口部一对称圆角长方形立耳，微外撇。沿下一周纹饰，为重圈重环纹与涡纹交替分布，腹中部一周凸棱。

鼎 | 春秋
1989年沂源县西鱼台村村民李成军捐赠
现藏沂源博物馆
通高26.7、口径26.8、足高11厘米，重约3.88千克

侈口，方唇，窄折沿，浅腹微鼓，圜底，三蹄足，两立耳外撇。腹部饰一周重环纹和一周凸棱。

鼎 | 春秋

1983年栖霞市吕家埠村出土
现藏栖霞市牟氏庄园管理服务中心
通高27.5、口径28厘米，重5.5千克

　　方唇，平沿外折，浅弧腹，圜底，三蹄形足，
方形耳外撇。腹部饰一周重环纹，下有一周凸棱。
耳外饰三道粗弦纹，间饰圆点纹。

鼎 春秋

1981年曲阜县（现曲阜市）林前村墓地M712出土（M712：3）

现藏山东省文物考古研究院

通高26、通宽34.3、口径28.5厘米

方唇，窄折沿，浅腹稍鼓，圜底，三蹄形足，两立耳外撇。腹部饰一周重环纹，下腹部一周凸棱。

鼎 | 春秋
1978年滕县（现滕州市）薛国故城遗址M1
出土（M1∶62）
现藏济宁市博物馆
通高20.3、口径26厘米，重4.61千克

　　敞口，方唇，窄折沿，圜底，浅腹，三蹄
足。上腹部饰一周重环纹，单个重环纹较长。
下腹部饰凸棱一周。同出7件，形制相同，大
小不一，2件保存较好。

鼎 | 春秋
1969年烟台市上夼村东墓地出土
现藏烟台市博物馆
通高27.7、口径29厘米

　　方唇，折沿，弧腹，圜底，三蹄足，双立耳微外侈。腹部饰两道凸棱。腹内壁铸铭文二行十二字："己华父作宝鼎，子子孙孙永用。"

鼎 春秋
1974年莒县老营村出土
现藏莒州博物馆
通高32.2、口径32.4厘米

侈口，方唇，折沿，浅腹，圜底，三蹄形足，两立耳微外侈。口沿下饰一周窃曲纹，腹饰一周变形龙纹，两周纹饰间有一凸棱，耳外侧饰重环纹。

鼎 | 春秋
邹平市杏花河出土
现藏邹平市博物馆
通高18、口径21、深8.8、足高8.2厘米，
重2.3千克

　　方唇，窄斜折沿，浅鼓腹，圜底，三
蹄形足，两立耳外撇。上腹部一周变形夔
龙纹，下腹部为堆叠的变形垂鳞纹。

鼎 │ 春秋
　　征集
　　现藏青岛市博物馆
　　通高20.5、口径20厘米

　　圆唇，小卷沿，浅腹，圜底，三蹄形足，立耳微外撇。腹部饰一周三组夔龙纹，每组纹饰以扉棱为界，作两龙相对回首状，龙上颚较长、下颚较短而下折，长冠下垂而内卷，长身卷尾，尾末端分歧，上岐圆钝上翘，下岐尖锐后伸，龙身饰阴线纹，夔龙纹带上下各饰一条细阳纹，鼎腹部一道粗凸棱。

鼎 | 春秋
1970年平邑县安靖村出土
现藏平邑县博物馆
通高25.3、口径28.4厘米

方唇，窄折沿，浅腹，圜底，三蹄足，双立耳。口沿下饰一周变形窃曲纹，线条粗砺，每个纹饰单元居中有圆形凸目，腹中部一周凸棱。

鼎 | 春秋
2012年沂水县纪王崮墓地M1车马坑出土
现藏山东省文物考古研究院
通高27、通宽32.5厘米，重6.5千克

　　方唇，窄折沿，浅腹，圜底，三蹄足，双立耳微外撇。上腹部饰变形窃曲纹，足根饰浮雕兽面装饰，耳外侧饰阴线装饰。

鼎

春秋

1963年莒县天井汪村出土

现藏莒州博物馆

通高27、口径31.5厘米

侈口,方唇,窄平沿,浅弧腹,圆底,三蹄形足,两附耳微外撇。腹部一周变形龙纹,龙回首短身,线条简洁,足根饰浮雕兽面纹,粗扉棱为鼻、角、圆目凸出明显,耳外侧作两龙相对。保存较好,底部可见清晰的范线。

鼎 | 春秋
1966年岚山（现日照市岚山区）横山水库出土
现藏日照市博物馆
通高29、口径35厘米

　　圆方唇，窄折沿，浅腹，圜底，三蹄足较矮。沿上圆角方形立耳，微外撇。腹中部饰一周不甚规则的凸棱。上腹部一周窃曲纹，纹饰具有几何化风格，多卷云纹、阴线纹装饰，纹饰较为平面，有错缝现象。耳外侧为双阴线纹。

鼎 | 春秋

2005年沂源县西鱼台遗址出土

现藏沂源博物馆

通高31、口径33.7厘米，重量8.68千克

侈口，方唇，窄平折沿，两立耳微侈，腹微鼓，圜底，三蹄足。上腹部饰夔龙纹，龙长冠，短身，短尾上卷，龙身有阴线装饰，耳外侧有双阴线装饰。

鼎　春秋

1978年岚山（现日照市岚山区）小村窑厂出土

现藏日照市博物馆

通高23.3、口径27.1厘米

方唇，窄折沿，腹较浅，圜底，三蹄足，两立耳微外撇。腹部饰一周龙纹，上饰阴线纹，耳外侧饰两道阴线纹。

鼎 | 春秋

1982年莒南县卢范大庄村南出土

现藏莒南县博物馆

通高30.8、口径35.5厘米

　　方唇，窄折沿，浅腹，圜底，三蹄足，口沿上有两立耳，微外撇。口沿下饰变形龙纹一周，三蹄足上饰兽面纹，中饰条式堆纹作为扉棱，两耳内饰重环纹，外侧饰窃曲纹。

鼎 | 春秋

1963年临沂专区（现临沂市）沙旦子村民捐赠

现藏临沂市博物馆

通高28、口径29.7厘米

　　方唇，窄折沿，浅腹，圜底，三蹄足，沿部两长方形立耳微外撇。腹部一周变形窃曲纹，纹饰下一周凸棱，足上部饰兽面。

鼎 春秋

1964年临沂专区（现临沂市）俄庄庙后花园
庄祊河北岸出土
现藏临沂市博物馆
通高31.4、口径37.7厘米

　　方唇，窄平沿，浅腹，圜底，三蹄足，内侧有凹
槽，两立耳微外撇。腹部一周变形窃曲纹，耳外饰夔
纹、重环纹。

鼎 | 春秋

1964年临沂专区（现临沂市）俄庄庙后花园
庄枋河北岸出土

现藏临沂市博物馆

通高31.7、口径37.8厘米

方唇，窄折沿，浅腹，圜底，三蹄足，立耳微外撇。上腹部一周变形龙纹，耳外侧有夔纹、重环纹。

鼎 春秋

1984年临沂地区（现临沂市）中洽沟墓地出土

现藏临沂市博物馆

通高31.3、口径34.7厘米

口微敛，方唇，窄沿，浅腹稍鼓，圜底，三蹄足，沿上两长方形立耳微外撇。腹上部饰一周窃曲纹，纹饰下一周凸棱，耳外饰二阴线纹。

鼎 春秋

馆藏

现藏日照市博物馆

通高24.1、口径25厘米

方唇，斜折沿较窄，浅腹微鼓，圆底，三蹄形足，立耳呈圆角方形，微外撇。腹上部饰一周窃曲纹，中部饰一周凸棱纹。耳外侧有阴线和篦点装饰。器身可见多处补铸痕迹。

鼎 | 春秋
青岛市黄岛区顾家崖头村征集
现藏青岛市黄岛区博物馆
通高27.5、口径29.7厘米

　　方唇，窄平沿，浅腹，圜底，下承三只粗壮的兽蹄足，双立耳。上腹部一周窃曲纹，下腹部一周凸棱。

鼎 | 春秋
1974年莒县源河村出土
现藏莒州博物馆
通高26.2、直径27.5厘米

方唇，窄折沿，浅腹稍鼓，圜底，三蹄形足，两立耳微外撇。腹上部饰一周变形窃曲纹，耳内侧饰两道凹弦纹，耳外侧饰变形龙纹。

鼎 春秋

1979年五莲县丹土村出土

现藏五莲县博物馆

通高22.8、口径31.1厘米，重6.717千克

　　圆方唇，窄折沿，浅腹，圜底，三蹄足，两立耳微外撇。上腹部饰一周变形窃曲纹，上、下各有一周凸棱，耳外侧有两道阴线纹装饰。器身可见补铸痕迹。

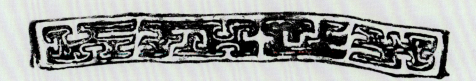

鼎 | 春秋
2005年沂源县西鱼台遗址出土
现藏沂源博物馆
通高35.6、口径37.3厘米，重量13.02千克

　　窄平折沿，方唇，腹微鼓呈半圆形，圜底近平，三蹄足，两立耳外侈。上腹部饰窃曲纹，腹下有一凸弦纹，耳外侧亦有纹饰，锈蚀不清。

鼎 | 春秋
2011年淄博市临淄区刘家新村墓地M28出土
现藏齐文化博物院
通高31.5、口径29.2厘米

　　方唇，折沿，浅腹，圜底，三蹄足，足内侧上部凹陷，范土外露，立耳外侈。下腹部有一周凸棱，上腹部饰一周窃曲纹。共出3件，形制相同，大小相次。

鼎 春秋

1995年长清县（现济南市长清区）仙人台遗址M6出土

现藏山东大学博物馆

通高71、口径77厘米

方唇，平折沿宽厚，腹微鼓，圜底，蹄形足，沿下有附耳一对。腹部饰一周窃曲纹，其下有一周凸棱纹，耳外侧饰阴线纹，中间加饰圆点纹。

鼎 | 春秋
1995年长清县（现济南市长清区）仙人台遗址M6
出土（M6：B26）
现藏山东大学博物馆
通高41.2、口径42厘米

　　厚方唇，窄折沿，垂腹，圜底近平，三蹄足，立耳外撇。上腹部一周窃曲纹，耳外侧饰阴线纹，间饰圆点纹。同出2件，形制、大小相同。

鼎 春秋

1995年长清县（现济南市长清区）仙人台遗址M6
出土（M6：B20）
现藏山东大学博物馆
通高59.5、口径60厘米

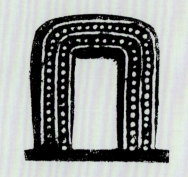

　　方唇，窄折沿，鼓腹，圜底三蹄足，立耳外
撇。腹饰窃曲纹和凸棱纹，耳外侧饰阴线纹，间饰
圆点纹。同出2件，形制、大小相同。

鼎 | 春秋
1995年长清县（现济南市长清区）
仙人台遗址M6出土（M6：B1）
现藏山东大学博物馆
通高31、口径36.3、盖径36.7厘米

　　窄折沿，腹稍鼓，圜底，蹄形足，立
耳。上腹饰窃曲纹，耳外侧饰两只对视
的虎纹。同出2件，大小相同，形制稍有
差异。

鼎 | 春秋
1995年长清县（现济南市长清区）仙人台遗址M6出土（M6：B9）
现藏山东大学博物馆
通高36.4、口径35.5厘米

　　方唇，窄折沿，腹微鼓，圜底，蹄形足，立耳外撇。腹饰一周窃曲纹，其下有一周凸棱。同出8件，形制、大小基本相同。

鼎 | 春秋
1986年龙口市大于家村出土
现藏龙口市博物馆
通高26.3、口径35.5厘米，重6.038千克

　　方唇，窄折沿，浅腹，圜底，三蹄形足，
两立耳外撇。腹部一周凸棱，上腹部饰窃曲纹
一周，耳外侧饰阴线纹，间饰圆点纹。

鼎 | 春秋
　　| 馆藏
　　| 现藏日照市博物馆
　　| 通高27.2、口径28.3厘米

　　厚方唇，窄斜折沿，浅腹微鼓，圜底，三蹄形足稍矮，方形竖耳外撇。腹部饰两周变形窃曲纹，耳内外侧均有窃曲纹装饰。

鼎　*春秋*

1976年日照县（现日照市）崮河崖墓地M1出土

现藏日照市博物馆

同出2件，形制相同，大小稍有差异

一件通高27.4、口径28.4厘米，重8.224千克；

另一件通高27.2、口径30.2厘米，重6.313千克

　　厚方唇，窄折沿，浅腹，圜底，蹄足，上腹部有两对称方形大附耳。平盖，盖径稍大于鼎口径，盖中央有一方形纽。鼎中部一周凸棱，其上有一周窃曲纹，耳外侧饰重环纹，足上饰浮雕兽面纹，纽、盖面均饰重环纹。

鼎 | 春秋

1978年沂水县刘家店子墓地M1出土（M1：12）

现藏山东省文物考古研究院

通高28.5、通宽37、口径31厘米，盖径31.3厘米，
重8.115千克

　　方唇，折沿，浅腹，圜底，三蹄形足，立耳外
撇。平顶盖，盖中央有纽，盖在双耳处有缺口。盖
面、鼎腹均有一周窃曲纹，足根有圆雕的兽面纹，
高扉棱为鼻，双目凸出。盖纽残缺。

鼎 | 春秋
滕州市庄里西村征集
现藏滕州市博物馆
通高22、口径24.6厘米

　　口微敛，方唇，宽折沿，鼓腹，圜底，三直立
柱状足，沿下有对称两附耳，微内卷。腹中上部饰
两道凸弦纹。

鼎 春秋

1970年临沂地区（现临沂市）五寺庄村老崖头出土

现藏临沂市博物馆

通高29.5、口径33.7厘米

　　方唇，折沿，浅腹，圜底，下附二高柱足，腹部两长方形附耳。腹部饰一周窃曲纹，腹下部凸弦纹，耳外侧两凹弦纹。

鼎 | 春秋

1972年日照县（现日照市）陶家村出土

现藏日照市博物馆

通高29.2、口径33厘米

　　方唇，平折沿，浅腹，圜底，三蹄足，口沿下有对称两方形附耳。腹部饰两周凸弦纹，耳外侧有篦齿纹，内侧有一符号。

鼎 | 春秋
昌乐县罗圈村出土
现藏昌乐县博物馆
通高22.7厘米

方唇，窄折沿，浅腹，圆底，三蹄形足，
一对圆角方形附耳。口沿下有一周变形龙纹，
耳外侧有双阴线。

鼎 | 春秋

馆藏

现藏滕州市博物馆

通高35.3、口径23.1厘米

子母口，深圆鼓腹，圜底，三蹄形足，双附耳。腹上部饰一周夔龙纹，中部饰凸弦纹一周。平顶盖，盖沿下折作母口，盖顶中部为一个环纽，周围三个长方形纽，倒置时为作为足。

鼎 春秋

1972年滕县（现滕州市）狄庄村征集

现藏滕州市博物馆

通高29.3、口径13.4厘米

　　器子口，卵形深腹，圜底，三蹄形足，双附耳。缺盖。腹上部饰一周交体
龙纹。

鼎 | 春秋

1982年临沂地区（现临沂市）凤凰岭春秋墓出土

现藏山东省文物考古研究院

通高23.3、通宽30.8、鼎高19.4、口径26.2厘米，盖高2.2厘米，重4.791千克

　　子母口，敛口，浅鼓腹，圜底，三蹄足，双附耳。平盖，盖沿下折作母口。上腹部、盖上均有一周窃曲纹，耳外侧饰窃曲纹。足根可见浮雕牛首装饰。

鼎

春秋

1982年临沂市凤凰岭春秋墓出土

现藏山东省文物考古研究院

通高22.7、通宽30.5、口径26.2厘米，重3.402千克

敛口内折作长子口，平唇，浅鼓腹，圜底，三矮蹄形足，两附耳微外撇。未见盖。腹部一周变形窃曲纹，合范处可见错缝痕迹，足根可见夸张的牛首纹饰，眼睛、角、鼻等部位刻画的夸张，表现力强。

鼎

春秋

1963年临朐县杨善灌电站出土

现藏山东省文物考古研究院

通高24.5、口径23.5厘米，盖口径24.5、盖高5.3厘米

子母口，子口较短，扁圆腹，圜底，三蹄形足，上腹部有两附耳。平顶盖，盖顶居中有条状方形纽，有三个均匀分布的矩形纽。腹部及盖上有一周窃曲纹，两立耳外侧、矩形纽上有圆点纹。

鼎 | 春秋
1991年淄博市临淄区高阳乡上河村西出土
现藏齐文化博物院
通高25.7、口径27.2厘米

　　子母口，微敛口，口内折作子口，扁圆腹微
鼓，下腹内收，圜底，蹄足较粗矮，口沿外侧腹壁
设长方形对称附耳，宽厚且长。浅平盖，盖沿下折
作母口以承器口，盖顶中央有一圆环纽，周边有三
个等距的矩形纽。腹部有一周凸弦纹，上有斜向
短直线装饰，上腹部饰窃曲纹，两附耳外侧饰横S
纹，器盖素面。

鼎 | 春秋
1963年肥城市小王庄出土
现藏山东博物馆
通高25.5厘米

　　子母口，敛口，微鼓腹，圆底，三蹄足，双附耳。平顶盖、盖沿下折作长母口，顶有三个矩形纽。腹部、盖上各一周窃曲纹，盖沿为重环纹，纽上为云纹。

鼎 春秋

1987年淄博市淄川区磁村墓地出土

现藏淄博市博物馆

通高26.8、口径21厘米，重4.347千克

　　子母口，子口较长，浅腹稍鼓，圜底近平，三蹄足，两腹耳。平顶盖，盖沿下折作母口，中间有一环纽，周围均匀分布三个矩尺形纽。盖及腹部各饰一周蟠螭纹。

鼎 | 春秋

1970年临沂专区（现临沂市）义堂城子遗址出土

现藏临沂市博物馆

通高28.4、口径21.5厘米

　　子口内敛，圆腹稍鼓，最大径略向下，圜底，下附三蹄足，圆角长方形附耳。平顶盖，盖沿略外斜作母口。上腹饰一周窃曲纹，下为三角纹，三角内饰卷云纹，足内侧有凹槽，外起浅细棱脊，底有烟炱痕迹，盖上附卧状回首四羊，盖沿部饰卷云纹。

鼎 | 春秋
2009年枣庄市峄城区徐楼M2出土
现藏枣庄市博物馆
通高25.8、口径22.4、腹径25.6、腹深15.4厘米，重4.87千克

　　子母口，器敛口，方唇，唇下有一周台以承盖，圆鼓腹，平底，三蹄足，两长方形附耳稍内敛。平顶盖，盖缘直壁，折沿与器唇下的台面相合，盖顶周围有三个矩形纽，中间有长方形纽。腹中部饰一周绚纹，上饰一周蟠螭纹，下饰一周三角纹，耳外饰蟠螭纹，盖顶外饰一周波曲纹，内饰一周蟠螭纹，中间纽的两端饰兽面纹。底部有食痕，三角形范线明显，一足经修补，内有范土。

鼎 | 春秋
1981年曲阜县（现曲阜市）林前村墓地M711出土（M711：5）
现藏山东省文物考古研究院
通高30.5、通宽26.3、口径22.5厘米，盖高6、盖口径22.5厘米

　　子母口带盖。鼎口内折微敛作子口，口部有台阶以承盖，深腹稍鼓，圜底，三蹄形足粗壮，足内侧有C字形凹槽，上腹部有对称附耳。盖平顶，盖沿下折微外撇作母口。腹中部一周变形窃曲纹，上下缘均为一周绹索纹。盖上均匀分布四个纽，作卧羊状，四纽中间有变形窃曲纹。

鼎 | 春秋
1983年滕县（现滕州市）坝上遗址出土
现藏滕州市博物馆
通高23.8、口径19.5厘米

　　子母口，器敛口，下鼓腹呈垂腹，圜底，
三蹄形足，双附耳微曲。有盖，平盖折缘，盖
上附有四个环形纽。腹部饰两周蟠虺纹和一周
三角纹。盖上一周窃曲纹。

鼎

春秋

安丘市郚城遗址出土

现藏安丘市博物馆

通高27、口径21.9厘米

　　子母口，敛口内折作子口，深圆腹，圜底，三蹄形足较高，足根凸起明显，足下部有阶，两附耳微外撇。覆盘形盖，盖沿向下延伸作母口，盖顶稍隆起，盖面三个环纽，略外撇。腹部一周稍粗的凸棱，其上一周窃曲纹，鼎耳外侧有龙纹装饰，鼎盖两组窃曲纹，环纽内外各一周，窃曲纹上都有阴线装饰。

鼎 | 春秋
滕州市薛国故城遗址M101出土（M101：32）
现藏山东省文物考古研究院
通高19.2、通宽21.5、口径14.7、盖径16.2厘米

　　子母口，子口微敛，圆腹，圜底，三瘦高蹄足，两附耳外撇。弧顶盖，盖上均匀分布三环形纽，盖沿圆弧向下延伸作母口。盖、器腹均饰蟠螭纹。

鼎 │ 春秋

2017年滕州市大韩墓地M43出土

现藏山东省文物考古研究院

通高38.1、口径30.1厘米

　　子母口，子口微敛，方唇，球形腹，圜底，三蹄形足，近长方形耳外撇。盖呈盘状，平顶，顶有三环纽。鼎上腹饰一周直角填充式变形蟠螭纹，腹中部饰一周凸弦纹，下腹分别饰一周简化直角填充式变形蟠螭纹和一周倒三角纹，耳四面及上面分别饰斜角云纹和雷纹，盖面从中心向外依次饰涡纹、蟠虺纹、叠压短线纹，三周直角填充式变形蟠螭纹和倒三角纹。盖内中间及鼎内壁均发现有铭文，已经锈蚀不可辨。

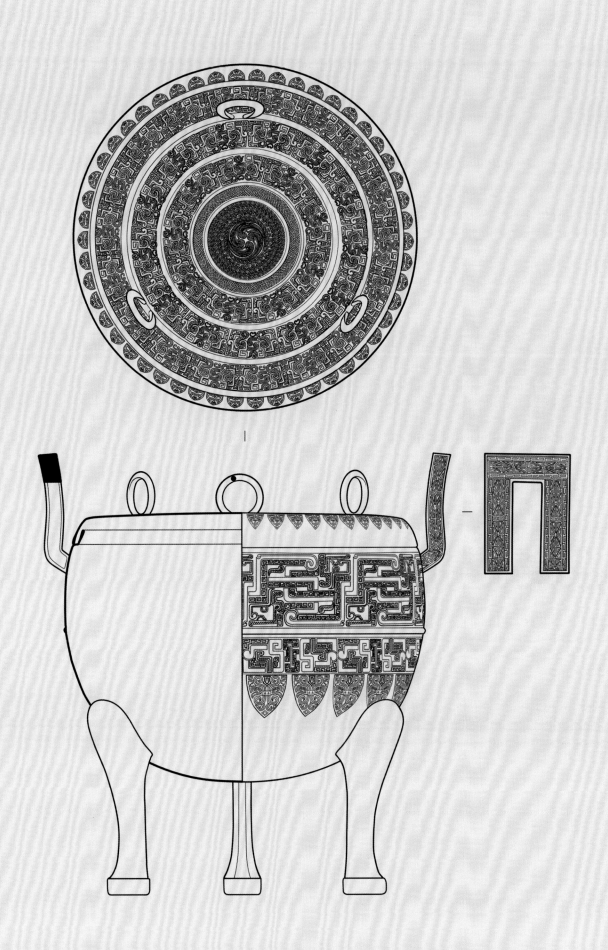

鼎 春秋

2022年淄博市临淄区西孙墓地M5出土（M5：1）

现藏山东省文物考古研究院

通高27、口径23、厚0.4厘米

口内敛作子口，深鼓腹，平底，三蹄形足，两附耳外撇。未见盖。腹中部一周凸棱，以上饰蟠螭纹，凸棱以下饰一周蟠螭纹，下腹部饰一周蕉叶纹，内填变形兽面纹。三足应为二次铸造。

鼎 | *春秋*
2017年滕州市大韩墓地M43出土
现藏山东省文物考古研究院
通高37、口径27.7厘米

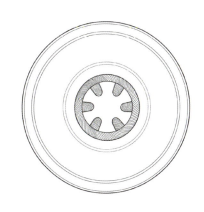

鼎簋口微敛，方唇，球形腹，圜底，三蹄形足，近长方形耳外撇。盖面呈弧形，盖顶有喇叭状捉手。盖及腹部各饰两周较宽的凸弦纹，捉手顶及捉手饰绚纹，耳内外侧纹饰锈蚀不清。

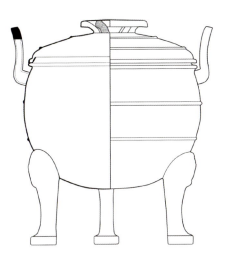

鼎 | 春秋

1978年滕县（现滕州市）薛国故城遗址M9出土

现藏济宁市博物馆

通高35.2、口径27.5厘米，重5.469千克

子母口，薄唇，窄沿，圆鼓腹，平底，蹄足，足根饰兽面纹，口沿外有对称附耳。盖方唇，平沿，弧顶，盖顶有环形捉手，作镂空状与盖体相连。腹部饰两周、盖饰三周凸棱纹，耳饰变形龙纹，足跟的兽面纹居中有扉棱、双目凸出、双角明显，其余部位雷纹表示。

鼎 春秋

1992年台儿庄区偪阳城遗址出土

现藏枣庄市博物馆

通高28、口径26、腹径28、底径16厘米

子母口，器口微敛，方唇，唇下有一周凸棱，深鼓腹，平底，三蹄形足，两长方形附耳侈。盖面微鼓，平折沿，顶部有一圆形捉手。耳饰蟠螭纹，足根部饰兽面纹，盖顶饰二周凸弦纹，捉手面饰二周凹弦纹。底部圆形范线清晰，足内有范土。

鼎

春秋

1975年莒南县大店墓地M1出土（M1：12）

现藏山东省文物考古研究院

通高35.7、通宽33.5、口径29厘米，盖高6.5、盖宽29.5厘米，重5.949千克

　　子母口，方唇，窄平沿口外有一周宽凸棱以承盖，深圆腹，圜底，三蹄形足细长外撇，两附耳外撇。覆盘形盖，盖面稍隆起，中央有一圆环，边缘有三个兽形环纽。器身、盖面饰极简化的蟠虺纹，近似卷云纹，足根饰兽面纹。

鼎 春秋

1966年费县台子沟村出土

现藏费县博物馆

通高21.5、口径24.3厘米，重3.2千克

方唇，平沿外折，浅鼓腹，圜底，马蹄形三足，口沿上有绳索状立耳。腹饰变体蝉纹一周。腹下铸铭文一周，共九字。即："余（徐）子氽之鼎百岁用之。"

鼎 | 春秋
2009年枣庄市峄城区徐楼M2出土（M2：25）
现藏枣庄市博物馆
通高20.7、口径23.8厘米

　　口微敛，方唇，平折窄沿，弧腹，圜底，三蹄形足，立耳外侈。足根部饰兽面纹，耳外侧饰蟠螭纹，沿下饰蟠螭纹和三角纹。内壁铸三行二十二字铭文："唯正月初吉日丁亥，浅（鄅）公□□余其臧，金用铸其□□鼎。"

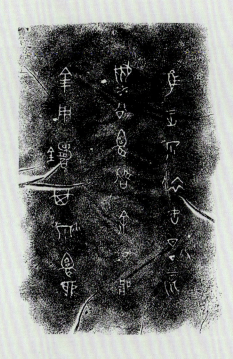

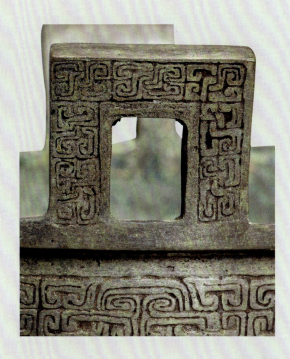

鼎 | 春秋
2009年枣庄市峄城区徐楼M2出土（M2∶24）
现藏枣庄市博物馆
通高17.6、口径20.8、腹径21.2、腹深8.7厘米，
重1.55千克

　　口微敛，平折窄沿，圆唇，鼓腹，圜底，三锥状蹄形足较高，长方形立耳。上腹部饰螭虺纹，下腹饰三角纹，内填变形龙纹，足根部饰兽面纹，耳饰绹纹。器内壁铸有八行三十五字铭文："唯王正月，之初吉丁，亥此余王，□君作铸，其小鼎□□，永宝子孙，无疆子子孙孙，永宝是尚。"

鼎 | 春秋
1981年五莲县留村出土
现藏五莲县博物馆
通高16.3、口径20.5、耳高4.1厘米，重1.755千克

敛口，方唇，折沿，鼓腹，圜底，三蹄形足，两立耳。腹部饰有三周凸弦纹，间饰三周栉齿纹和两周篦点纹。

鼎 | 春秋
1960年泰安专署（现泰安市）龙门口遗址出土
现藏泰安市博物馆
通高27.1、口径19.7厘米，重6.8千克

敛口，方唇，斜折沿，长颈，鼓腹略呈垂腹，圜底，三蹄形足，双耳。颈部饰一周窃曲纹，耳外侧饰重环纹，足根有浮雕兽面纹。器物锈蚀严重。

鼎 春秋

1978年海阳县（现海阳市）嘴子前村M1出土

现藏海阳市博物馆

通高15.6、口径13.7厘米

方唇，窄折沿，腹部较直，圜底近平，三蹄足外侈，方形立耳，微外撇。腹饰两道单线卷云纹。底有烟炱，器型小巧。

鼎 | 春秋
1995年长清县（现济南市长清区）仙人台遗址M5出土
现藏山东大学博物馆
通高9、盘径5.92厘米

　　由下部的鼎和上部的盘两部分组成，其间以一柱相连。鼎为平折沿，浅弧腹，圜底，三蹄形足，附双耳，一侧耳间有一L形圆筒状附件，上部中空。盘浅腹，带平顶折沿盖，盖居中有一环纽。

鼎 春秋

1986年滕州薛故城出土（M178：23）

现藏山东省文物考古研究院

通宽24、通高15、口径24厘米

盆形鼎。方唇，窄斜沿，浅腹，下腹稍鼓，大圆底近平，三锥状小矮足。沿上有两绳索状立耳。器身素面，器型较特殊。

列鼎

春秋

2002年枣庄市山亭区东江村小邾国贵族墓地出土

现藏枣庄市博物馆

同出7件，出自M2、M3。其中M2出土4件均带盖。M3出土3件均无盖，2件破碎。形制、纹样相同，大小略有差异

M2：4：通高36.4、口径30.8、腹径33厘米，重13.8千克

　　窄平折沿，方唇，束颈，扁鼓腹，圜底，三蹄形足，内侧有一纵向凹槽，双立耳。鼎皆片状盖，盖在双耳处有缺口，正与立耳相合。沿下饰一周窃曲纹，足根部饰兽面纹，耳饰双线凹弦纹。底部有清晰三角形范线。

列鼎

春秋

沂水县纪王崮墓地出土

现藏山东省文物考古研究院

南器物箱出土5件，大小相似，形制稍有差别

通高11.2～12.4、口径13～13.8厘米

　　平折沿，方唇，圆腹，圜底，三蹄形足，附耳近直（M1：116）或立耳稍外撇（M1：102、124、130、142）。皆为平顶盖，盖面中部有一桥形纽，M1：102、124、130、142盖两侧内凹呈山形以与鼎耳相扣接。M1：102、116、124、130盖面、上腹饰一周蟠螭纹，上腹、耳外侧饰较细的蟠螭纹，M1：130足根饰中间带扉棱的兽面纹，M1：116、130耳外侧亦饰蟠螭纹，M1：142盖面饰一周蟠螭纹。

列鼎

春秋

2012年沂水县纪王崮墓地出土

现藏山东省文物考古研究院

南器物箱出土7件，大小相近，形制略有差别

通高27.5～29.1、口径26.2～29.2厘米

　　子口，鼓腹，大圜底，三蹄形足，附耳均稍外撇。均平鼎盖，盖面中部有一桥状纽，周围均匀分布三个矩形纽。七件均为矩形纽外及附耳外饰点线纹。其中五件盖顶饰变形云雷纹，上腹饰蟠螭纹；一件盖顶及盖外缘饰蟠螭纹；一件盖顶及上腹饰较细的几何化蟠螭纹。

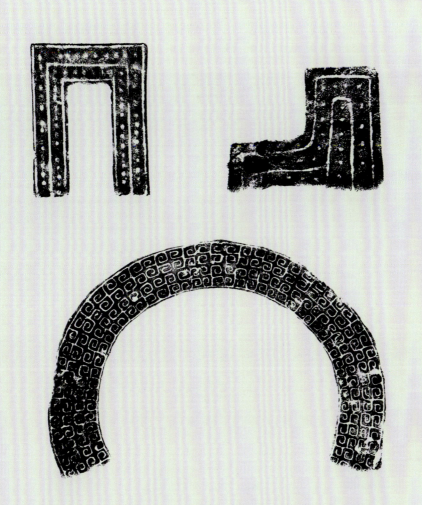

M1：129

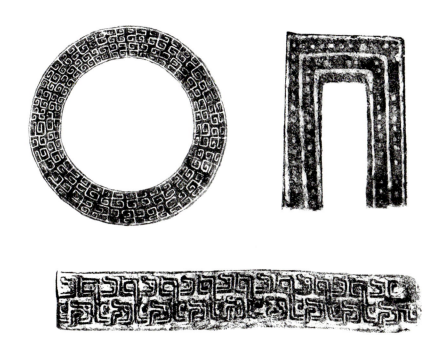

列鼎 春秋

滕州市薛国故城遗址M4出土

现藏济宁市博物馆

现存7件

列鼎：

1：通高31.7、宽44.7、口径38厘米，重21.74千克

2：通高30.2、宽43.3、口径33.5厘米，重15.82千克

3：通高26.9、宽38.2、口径28.5厘米，重9.87千克

4：通高25.3、宽33.4、口径27.3厘米，重10.51千克

5：通高23.5、宽32.4、口径26厘米，重8.64千克

6：通高22.1、宽32.8、口径26厘米，重7.79千克

陪鼎：通高38.1、宽31.6、口径24厘米，重12.38千克

　　列鼎现为六件（原应七件），形制、纹饰基本相同，大小有别。子母口带盖。直口作子口，浅腹微鼓，圜底，蹄足，长方形附耳。平盖，盖顶有三矩尺形纽，中部有一环形纽。器身及盖顶均饰蟠螭纹，腹中部有一周弦纹。

　　陪鼎现为一件（原应三件）。子母口带盖。长直口，深腹微鼓，圜底，蹄足，长方形附耳。平盖，盖顶有三矩尺形纽，中部有一环形纽。盖顶、腹、耳内侧均饰蟠螭纹，腹中部饰一道凸弦纹，耳外饰S纹。

陪鼎

列鼎

春秋

1978年滕州县（现滕州市）薛国故城遗址M2出土

现藏济宁市博物馆

此为一组列鼎，共计8件，7件形制基本相同，大小相次，第八件是陪鼎

列鼎：

1：通高31.9、口径40厘米，重18.926千克

2：通高30、口径37.5厘米，重17.937千克

3：通高27.5、口径34厘米，重15.619千克

4：通高26.3、口径33厘米，重14.017千克

5：通高26.2、口径29.8厘米，重12.246千克

6：通高22.8、口径27.1厘米，重10.682千克

7：通高37、口径25.4厘米，重11.687千克

陪鼎：通高28.8、口径35厘米，重15.678千克

列鼎：子母口，带盖。口微敛，唇厚，腹微鼓，圜底近平，粗矮马蹄形足，附耳微撇。平顶盖，盖顶有三个矩尺形纽，中间一半环形纽。盖顶及腹上部饰蟠螭纹，腹下部饰垂鳞纹，腹部两纹饰带之间一周凸棱，耳外饰S形纹。

陪鼎：腹尤其深，蹄形足，足根粗壮，下腹部的纹饰也为蟠螭纹。

列鼎1

列鼎5

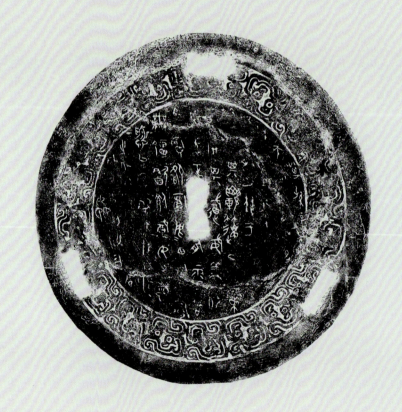

陪鼎

春秋

2009年枣庄市峄城区徐楼M1出土

现藏枣庄市博物馆

同出3件，形制、纹样、铭文相同，大小略有差异

最小者通高26、口径32.8、腹径34.8、腹深12.4厘米，重8.74千克

　　器敛口，方唇，唇下有一周凸棱，扁鼓腹，圜底近平，三蹄足肥硕，内侧有竖凹槽，腹部两侧有一对称长方形附耳，近下部的两侧各有一横柱与器腹壁连接。平顶盖，下折沿，盖顶中间有一半环纽。腹部上下各饰一周凸弦纹，间饰蟠螭纹，盖面饰两周蟠螭纹，耳外饰窃曲纹。器底有炱痕，有修补痕迹。三角形范线凸出。盖面及器腹壁内铸有五行二十八字相同铭文："有殷天乙唐（汤），孙宋公圞（固）乍（作），渍（鄝）叔子餴铺（豆），其眉寿万年，子子孙孙永保用。"

列
鼎

春秋

1994年海阳县（现海阳市）嘴子前村出土

现藏海阳市博物馆

同出7件，有盖鼎1件，无盖鼎6件

有盖鼎：M4：90，通高26.3、口径20.8厘米

无盖鼎：M4：70，通高31.4、口径31.2厘米；M4：71，通高32.2、口径34.8厘米；M4：72，通高37.2、口径42.8厘米；M4：86，通高76.2、口径33.6厘米；M4：88，通高34、口径36.8厘米；M4：94，通高33.6、口径34厘米

　　有盖鼎。M4：90，鼎口为子口，鼎腹鼓，深腹，圜底，三蹄形足，口沿下方设一对直立的附耳，较薄。平盖，边缘斜折沿，盖面有四只片状纽。纽一端高起作下卷角羊首状，纽侧面饰勾线纹。鼎腹上半部饰三道装饰纹带，居中为纵排垂鳞纹，上、下均为三角纹内填卷云纹，盖面中心饰一周双行卷云纹带。

　　无盖鼎。形制、纹饰均有差异。方唇，斜折沿，腹稍鼓，圜底较平，蹄形足较矮，方形立耳。上腹部饰一条形纹带，纹样为变体龙纹、勾连云纹，或者变形窃曲纹，下腹部饰一道凸棱。

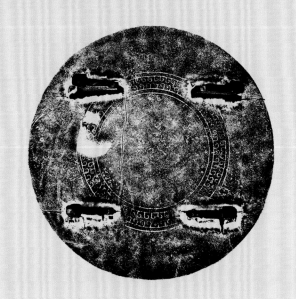

M4：70

M4：72

M4：88

匜鼎

春秋

2002年枣庄市山亭区东江村小邾国贵族墓地M3出土（M3：19）

现藏枣庄市博物馆

通高18.6、口径20.6、流长3.3厘米，重2.6千克

口略呈椭圆形，方唇，窄平沿外折，浅腹圜底，三蹄形足较高，内侧有一道纵向凹槽，半圆形短流，双立耳外侈。沿下、腹部饰回首龙纹，耳外侧饰重环纹。器内底铸竖款三行十一字铭文："兒庆作秦妊匜鼎，其永宝用。"

匜鼎

春秋
1995年长清县（现济南市长清区）仙人台遗址M5
出土
现藏山东大学博物馆
通高7.4、口径6.2厘米

　　器型较小，平面呈瓢形。微敛口，方唇，平
沿，圆腹，圈底近平，三蹄形足，有短流，附双
耳。有盖，中有一环形纽，沿部有一小舌，恰与流
口相扣合。

匜
鼎

春秋

1977年沂水县出土

现藏山东博物馆

通高17.8、口径23厘米

圆形口，方唇，折沿，半球腹，三蹄足，前有兽首管状流，后有龙形鋬，
龙首伏于口沿，尾上翘，口沿两侧各立一环形耳。腹上部饰回首夔纹一周。

匜鼎

春秋

2004年莒南县中刘山村出土

现藏莒南博物馆

通高20.4、口径23.6、腹深10.2厘米

　　圆形口，方唇，平折沿，浅腹，圆底，三牛蹄足，牛首形圆流，龙首形鋬，龙首伏口沿，尾上翘，口沿上有两立环形纽。腹部有窃曲纹带一周，纹带以下有凸棱纹一周。保存状况一般，锈蚀严重。

匜鼎 | *春秋*
1984年临沂地区（现临沂市）中洽沟墓地出土
现藏临沂市博物馆
通高21.4、口径23.8厘米

　　圆形口，方唇，窄折沿，圆腹，圜底，三蹄足，兽首形封盖式流，沿部一对称环形立耳。龙形錾，龙口衔器沿，尾上卷，龙身纹饰清晰。腹上部饰变形龙纹，腹下一凸弦纹。

汤鼎 春秋

2012年沂水县纪王崮墓地出土

现藏山东省文物考古研究院

通高31.9、口径15.9厘米

　　子口，圆肩，球形腹，圜底，蹄形足，附耳。平顶盖，盖顶均匀分布三个矩形纽。腹饰三周凸弦纹及一周双阴线窃曲纹，耳外侧饰点线纹。

鼎 春秋

1976年日照县（现日照市）崮河崖墓地出土

现藏日照市博物馆

通高23.2、通长22.7、通宽17.2厘米

　　长方形覆斗形。平沿方唇，斜直腹，平底，四兽首蹄形足，上腹部有圆角方形附耳。口沿下部饰一周窃曲纹，腹部饰龙纹，较为少见。腹长边的龙纹是两组龙纹作相背状，每一组龙由上、下两条龙组成，下面一条龙为双龙首，朝向一致，龙身较长卷曲；上面一条龙的龙身被下面一龙遮挡，三个龙首朝向一致，均圆目明显，作大口向前状，龙身均有阴线装饰，腹短边装饰的龙纹与此相同，下部一龙仅存一龙首。四足足根作兽面纹装饰，与鼎腹拐角对应处有扉棱为鼻，圆目凸出，长角外卷。耳外侧饰阴线纹。器底四边留有明显铸缝。

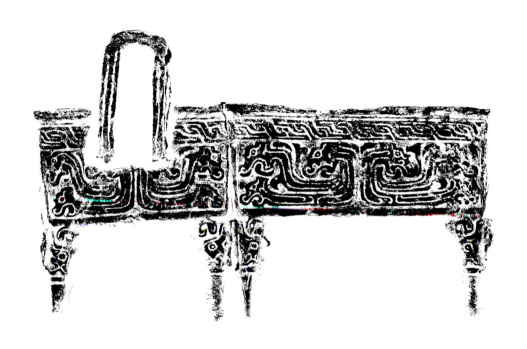

鬲 | 春秋
20世纪50年代黄县（现龙口市）归城和平村南出土
现藏烟台市博物馆
通高10.8、口径14.1、腹径43厘米

　　圆唇，宽沿斜折，弧裆近平，三柱足，通体素面，有扉棱。折沿上有一周铭文，部分残蚀，可识读的铭文有："己侯□□姜□□子子孙孙永宝用。"

鬲

春秋

1976年日照县（现日照市）崮河崖墓地出土

现藏日照市博物馆

一套4件，均带灰陶盖，形制稍有差异，大小稍有不同

通高18.4～19.5、鬲高13.4～13.6厘米

　　圆唇，折沿，束颈，弧裆，三实足，与足对应的腹外壁上各有一道扉棱，灰陶器盖，顶部有盘形圆捉手。口沿下饰重环纹，腹饰波带纹，其中一件波带纹下有竖直线纹，盖周围饰二圈凹弦纹，锈蚀严重，纹饰均磨损严重。口沿铸有铭文："鼇伯媵女子作宝鬲，子孙永宝用。"

左一

左二

鬲 ｜ 春秋
捐赠
现藏青岛市博物馆
通高12、口径14厘米

　　方唇，宽平折沿，短束颈，浅鼓腹，裆部近平，三兽蹄足。腹部饰与足对应的三组纹饰。每组纹饰以扉棱为鼻作两龙相对状，龙首凸出，圆目，中有凹窝，短身卷曲延伸至蹄形足顶部，龙身饰阴线纹。口沿有铭文："郳妢□母铸其□鬲。"

鬲 | 春秋
1974年诸城县（现诸城市）藏家泮旺村西出土
现藏诸城市博物馆
通高14.2、口径17.4厘米，重1.85千克

　　厚方唇，平折沿，束颈，浅腹，兽蹄足。腹部
饰三组兽面纹，每组均以与三足相对应的高扉棱
为界。颈内侧铸一周铭文，铭文仅可辨识四字：
"……叔姬尊鬲。"

鬲

春秋

2002年枣庄市山亭区东江村小邾国贵族墓地出土

现藏枣庄市博物馆

共4件，形制、纹样、铭文相同，大小略有差异

M1：7：通高11.2、口径16.2厘米，重1.211千克

　　方唇，宽平折沿，束颈，鼓腹，弧裆，矮蹄足下肥大，内侧有一道竖向凹槽，腹部与足相对处各有一竖向扉棱，棱部均有横向出二牙。腹部一周饰三组两两相随的曲体龙纹。底部三角形范线清晰。沿面逆时针方向铸有十六字铭文："邾友父媵其子胙曹宝鬲，其眉寿永宝用。"

162

鬲 | 春秋
1963年肥城县（现肥城市）小王庄出土
现藏山东博物馆
通高12.7厘米

　　方唇，宽平沿，束颈，鼓腹，裆部近平，半实形三蹄足，腹与足对应处各饰一扉棱。器腹有变形窃曲纹，颈的内壁铸铭文："囗土父乍囗姬尊鬲其万年子子孙孙永宝用。"同出2件。

鬲 春秋

2002年枣庄市山亭区东江村小邾国贵族墓地出土

现藏枣庄市博物馆

同出6件，出自M2、M3，其中M2出土4件，形制、纹样、铭文相同，

大小略有差异

M2：30：通高14.8、口径18.9、腹深7.8厘米，重2.94千克

　　宽平折沿，方唇，束颈，鼓腹，弧裆，蹄足略高下肥大，内侧有一道竖向凹槽，腹部与足相对处各有一竖向扉棱，棱部均有横向出三牙。腹部一周饰三组两两相背的曲体龙纹。底部三角形范线清晰。沿面逆时针方向铸有十一字铭文："兒庆作秦妊羞鬲，其永宝用。"

166

M2：30

鬲

春秋

1978年滕县（现滕州市）薛国故城遗址M1出土（M1：70）

现藏济宁市博物馆

通高10.5、口径13厘米

　　方唇，窄平沿，颈微束，鼓腹，连裆，底近平，半筒形蹄足，其中有两件与三足对应的腹部有短扉棱。腹部的纹饰较为少见，为一周三组变形卷云纹，每组卷云纹居中有一圆点。纹饰抽象粗糙。同出6件，尺寸基本相同，形制略有差异。

鬲 春秋

1978年日照县（现日照市东港区）董家滩村出土

现藏日照市博物馆

通高18、口径18.1厘米

方唇，斜折沿，束颈，折肩，腹微鼓，弧裆较低，三尖状足，足跟平。颈部饰一周重环纹。

鬲 | 春秋
1991年临沂市太平东张屯村西北出土
现藏临沂市博物馆
通高17.4、口径17.3厘米

圆唇，宽平沿略上翘，短束颈，鼓腹，弧裆，三中空袋状足。腹上部饰重环纹。

鬲 | 春秋
1987年蒙阴县石峰峪村出土
现藏蒙阴县文物保护中心
通高15.1、口径16.7厘米

　　方唇，宽沿，平沿外折，束颈，鼓腹，弧裆，三足中空内收，柱状足尖。腹上部饰一周变形龙纹。

鬲 | 春秋
馆藏
现藏日照市博物馆
通高17.5、口径16.5厘米

　　薄方唇，宽斜折沿，束颈，肩略鼓，瘪裆较高，高尖状足。肩部饰一周变形龙纹，每组纹饰两龙相背，龙首凸出，龙尾较短，纹饰带下有一周凹槽。

鬲

春秋

1978年沂水县刘家店子墓地出土

现藏山东省文物考古研究院

通高25.5、通宽27.2、口径23厘米，盖高5.4、盖径22.5厘米

　　圆唇，折沿，短颈，鼓肩，分裆，裆部较高，三袋足，足跟较平。平顶盖，盖有不甚明显的隆起，盖中央有长方形纽，盖沿略下折，与鬲口沿相合。盖面、鬲肩部各一周窃曲纹。

鬲

春秋

1978年沂水县刘家店子墓地M1出土
（M1：42）

现藏山东省文物考古研究院

通高21、通宽19.5、口径16厘米，
盖高2.7、盖宽18.5厘米

　　器身圆唇，斜折沿，束颈，鼓腹，分
裆，尖袋足，足跟平。平盖，盖面有不甚
明显的隆起，盖沿有四枚小纽卡住器口。
器身有一周窃曲纹，盖边缘有一周变形
夔纹。

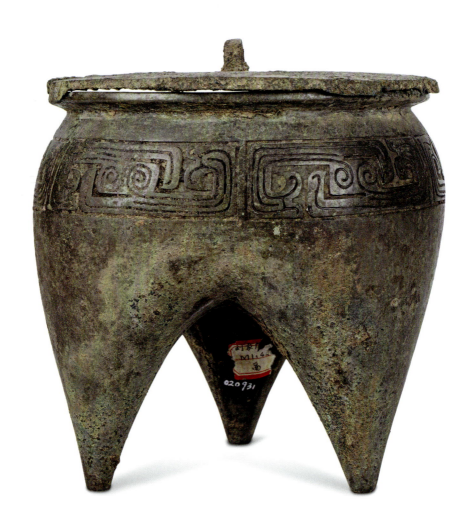

鬲 春秋

1977年五莲县于里大绿汪出土

现藏五莲县博物馆

通高17.5、口径18.2厘米，重2.25千克

圆唇，斜折沿，束颈，鼓肩，弧裆，高裆袋足，实足较高，足跟平。肩腹部饰一周变形夔龙纹。

鬲

春秋

1983年诸城县（现诸城市）新九台村王卫东捐赠

现藏诸城市博物馆

通高11.5、口径15.6厘米，重1.6千克

　　方唇，宽折沿，鼓肩，深腹，弧裆，三空足略外撇，足跟较平。腹上部外壁饰一周变形夔龙纹。

鬲｜春秋

1981年诸城县（现诸城市）黄沟大队村民张洪军捐赠

现藏诸城市博物馆

通高16.5、口径18.3厘米，重2.4千克

方唇，折沿稍宽，束颈，鼓肩，深腹，弧裆，三袋足，足跟平。肩部饰一周窃曲纹。

鬲

春秋

1966年临沂市小李官村出土

现藏临沂市博物馆

通高18.6、口径16.9厘米

　　圆唇，宽沿外折，短束颈，圆肩，鼓腹，三袋足，足跟平。腹上部饰窃曲纹一周。

鬲 春秋

1972年沂水县出土

现藏临沂市博物馆

通高15.2、口径15.9、腹径17.5厘米

圆唇，窄折沿，鼓腹，弧裆，三袋足，足跟平。腹部饰一周窃曲纹。

鬲 | 春秋
館藏
現藏青島市博物館
通高16、口徑16.2厘米

圓唇，寬折沿微上翹，束頸，鼓腹分檔，三足中空呈袋狀。口沿下方飾竊曲紋一周，上、下各飾一道細陽紋。

鬲　春秋

1966年日照县（现日照市岚山区）巨峰镇出土

现藏日照市博物馆

通高16、口径12.5厘米

方唇，斜折沿，束颈，耸肩，高弧裆，三袋足，足跟平。肩部饰一周窃曲纹。器身经打磨，范线不清晰，在底部可见垫片痕迹。

鬲 | 春秋
1977年五莲县于里大绿汪出土
现藏五莲县博物馆
通高16.4、口径18.8厘米，重1.559千克

　　方唇，斜折沿，束颈，鼓肩，鼓腹，弧裆，高裆袋足，实足较高。上腹部一周变形龙纹。

鬲 | 春秋
1956年诸城具（现诸城市）太平区葛布口村出土
现藏诸城市博物馆
通高19.4、口径19厘米，重2.87千克

　　圆唇，折沿，束颈，圆鼓肩，分裆，三袋足瘦高，足跟平。肩部饰一周夔龙纹。器身可见清晰的垫片。

鬲 春秋

1984年临沂地区（现临沂市）中洽沟墓地出土

现藏临沂市博物馆

通高15、口径16厘米

圆唇，宽斜沿，短束颈，圆肩，鼓腹，三袋形足中空，较高。腹上部饰双首夔龙纹。

鬲

春秋

捐赠

现藏青岛市博物馆

通高17、口径19厘米

　　圆唇，折沿不明显，微上翘，短束颈，鼓肩，鼓腹分裆，三足呈袋状，足跟平。肩部饰窃曲纹一周，与三足对应，可分为三组，每组纹饰由三部分组成，中间为一双首龙纹，龙身简约，龙首圆目，中有浅窝，张口，上颚卷曲，两侧各有一短身龙，龙首与中间的双首龙纹之龙首类似，龙首、龙身皆饰阴线纹。纹饰磨损严重，器身可见明显的垫片痕迹。

鬲 | 春秋

2012年沂水县纪王崮墓地M1出土

现藏山东省文物考古研究院

一套7件，均带盖。鬲大小相次，形制略有差异。盖均为后配

通高13.6～15.9、口径14.1～15.7厘米

　　方唇，折沿稍斜或斜折沿，耸肩，弧裆。平顶盖，盖面中部有一桥形纽，盖沿下折与鬲口相扣合，盖口沿均略大于鬲口沿。盖面纹饰均不同。

M1：126

M1：118

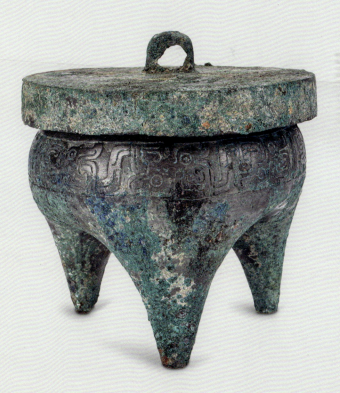

鬲 | 春秋
1978年滕县（现滕州市）薛国故城遗址M2出土
现藏济宁市博物馆
同出6件，形制、大小均稍有不同
通高8.9～9.9、口径11.8～12厘米

　　方唇，宽卷沿，束颈，颈、腹结合部明显，腹微鼓，弧裆，三尖状袋足。上腹部一周窃曲纹。各件唇多厚薄不均，颈的长短稍有差别，纹饰细部也有差别，三足有的较圆钝、有的稍尖。

鬲1

鬲1

鬲2

192

鬲3

鬲4

鬲5

鬲

春秋

1987年枣庄市山亭区西集镇两河汉村出土

现藏枣庄市博物馆

高20.5、口径26.4、腹深11、裆高9.3厘米，重3.25千克

侈口，圆唇，斜折沿，束颈，鼓腹，高裆，袋状足，圆柱状实尖。肩部饰一周窃曲纹，腹部与每足对应的部位饰一组蝉纹，蝉纹两侧均有一圆形凸起，居中有圆形凹窝。

鬲 春秋
2012年沂水县纪王崮墓地K1出土（K1：1）
现藏山东省文物考古研究院
通高19.3厘米，重3.5千克

　　方唇，宽折沿上翘，圆鼓肩，三分裆袋足，足跟平。肩部有对称环及一周
蟠螭纹带。

鬲 春秋

1973年日照县（现日照市东港区）陶家村村委征集

现藏日照市博物馆

通高20.5、口径21.3厘米

　　方唇，斜折沿，肩微鼓，腹上部稍鼓，高弧裆，瘦袋形足，足跟平，腹上部附对称环耳。素面。器身部分位置可见垫片。

鬲

春秋

1978年平邑县锅泉林场出土

现藏平邑县博物馆

通高19、口径17厘米

圆唇，宽折沿上翘，束颈，肩稍鼓，分档，三袋足，足跟平。器身素面。

鬲 春秋

1964年临沂专区（现临沂市）俄庄庙后花园祊河北岸出土

现藏临沂市博物馆

通高18.7、口沿23.5厘米

方唇，宽斜沿，肩部鼓，分档，三袋足，足跟平。素面。

鬲 春秋

馆藏

现藏日照市博物馆

通高17、口径16.3、裆高7厘米

　　方唇，斜折沿，束颈，耸肩，裆较高，瘦袋形足。素面。器身与足对应处
可见范线。

甗 | 春秋

1994年海阳县（现海阳市）嘴子前村M4出土

现藏海阳市博物馆

通高35.4厘米，甑口径30厘米，鬲口径11.2厘米

甑、鼎分体。甑为大口，斜沿外翻，方唇，束颈，斜腹微鼓，底略平，布满规则的箅孔。颈部有方形附耳，并有一道横梁与口沿相连。颈部饰一周重环纹，附耳内侧饰三角线纹，外侧饰凸棱纹。甑下部内收作榫状插入鬲口部。鼎口有直领凹槽，与甑底扣合。溜肩鼓腹，底上凹，三蹄足，肩部设外斜的扁柱体方形附耳，有二道横梁与鼎口相连。器身可见明显的范线和垫片痕迹。甗内壁近口沿处有铭文4行，共17字，为"陈乐君豆欠乍其旅甗用祈眉寿无疆永用之"。

甗

春秋

栖霞市西店村出土

现藏栖霞市牟氏庄园管理服务中心

通高42.5、口径32.5厘米，重8千克

　　甑、鼎分体。甑方唇，平沿外折，颈收束，斜直腹、下腹部内折呈榫状插入鬲部的凹槽中，平底，置条形箅孔，沿下双附耳。鼎口部呈凹槽状，圆鼓肩，弧裆，三蹄形足，双耳于肩部斜出。沿下一周窃曲纹，耳外侧饰椭圆形线纹，内置一直线，耳内侧饰重环纹。

甗

春秋

2012年沂水县纪王崮墓地M1出土（M1：48）

现藏山东省文物考古研究院

通高40.7、通宽29.8厘米，重8.757千克

甑、鼎分体。甑方唇，折沿稍斜，长颈，鼓腹，底有长条向心形箅孔，底以下呈榫状以与鼎凹槽扣合，颈部有一附耳。颈部饰两周垂鳞纹，腹上部饰一周凸棱，附耳外侧饰鳞纹。鼎平折沿，方唇，矮束颈，斜耳，圆肩，鼓腹，弧裆，蹄形足。素面。

甗 | 春秋

2017年滕州市大韩墓地M43出土

现藏山东省文物考古研究院

通高44.2厘米，甑口径31.6厘米，鬲口径18.1厘米

　　甑、鼎分体。甑为侈口，方唇，折沿，直颈，鼓腹，底有长条向心形箅孔，颈部有两对称方耳。颈部上、下分别饰重环纹和蟠虺纹，腹上部从上至下分别饰弦纹、蟠虺纹及倒三角纹，三角纹内饰简化兽面纹，耳内外侧分别饰蟠螭纹和斜角云纹。鼎为侈口，方唇，平沿，斜矮颈，圆肩，弧裆，三蹄形足，肩上有斜耳。鼎腹部饰两周凸弦纹。

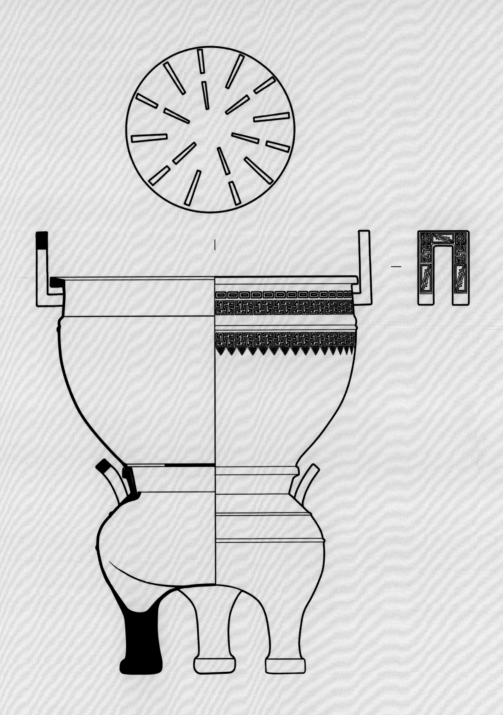

甗

春秋

1982年临沂市凤凰岭墓地出土

现藏山东省文物考古研究院

通高43.5、口径30.5厘米，甑腹深18厘米，鼎腹深14.3、足高10.5厘米

　　甑、鼎分体。甑部方唇，窄折沿，束颈，圆鼓腹，甑底为圆形箅，箅孔为放射状长条形镂孔，甑腹下部收折成圈足，圈足一周凸棱以承鼎，两长方形附耳稍外撇。腹部有两对称环耳并饰一周凸绳纹及三角纹、变形三角纹，耳内侧是蟠螭纹，耳外侧、颈部饰变形三角纹。鼎盘口，束颈，颈内侧有一周沟槽，圆鼓腹，圜底，蹄足，两侧耳斜上外侈。腹壁外侧是两周凸弦纹和一对称的环耳，蹄足足根饰兽面纹，在甑腹部、鼎腹部、足上均可见清晰的范线痕迹。

甗 春秋

1978年沂水县刘家店子墓地M1出土（M1：101）

现藏山东省文物考古研究院

通高49、通宽39.8厘米，甑高27、口径35.2厘米，

鬲高23.5、外口径14.5、内口径12.3厘米，重9.328千克

　　甑、鬲分体。甑斜方唇，卷沿，斜深腹微鼓，平底有放射状甑孔，矮圈足作榫与鬲部的槽型口扣合，沿下有双附耳。甑部有三周纹饰，最上部为一周蟠虺纹，中部为一周小垂鳞纹，最下部为一周倒三角纹，内填垂鳞纹。鬲槽型口，鼓肩，三足，裆部较低。肩部原应有一周窃曲纹。发掘时甑腹部、鬲腹部裆部残缺，已修复。

甗 春秋

2011年淄博市临淄区刘家新村墓地M28
出土

现藏齐文化博物院

通高35.3、口径23.4厘米

甑、鬲分体。上部为甑,方唇,侈口,折沿,腹壁斜收,平底,有箅孔,下端有榫圈,口沿下腹壁置对称双附耳。下部为鬲,尖圆唇,侈口,折沿,束颈,圆肩鼓腹,弧裆,三蹄形足。素面。

列簋

春秋

1978年滕县（现滕州市）薛国故城遗址M1出土

现藏济宁市博物馆

同出6件，形制基本相同

通高21.9～22.3、口径12.7～12.9厘米，重4～4.8千克

敛口作子口，鼓腹略下垂，平底，圈足，下附三兽蹄足，腹两侧饰兽首环耳，上翘。圆弧盖，花瓣形捉手，盖沿下延作母口。腹部饰瓦纹，盖沿及口沿下各饰一周窃曲纹。

簋 春秋

1995年长清县（现济南市长清区）仙人台遗址M6出土（M6：B37）

现藏山东大学博物馆

通高24.1、口径20厘米

器子口，腹稍鼓，圈足下附三个兽面形足，足较宽矮，触地部分呈爪状，兽首形双耳，耳内侧无须，下有垂珥。半球形盖，圆形捉手，盖面微鼓，盖沿下延作母口。盖缘与口部饰窃曲纹，盖顶与腹部饰瓦纹，圈足饰重环纹。同出4件。

簋 | 春秋
孔府旧藏
现藏孔子博物馆
通高22.3、口径19.5、足径21.8厘米，重5千克

　　器子口，鼓腹，圈足外撇，下附三蹄足，双兽耳下有垂珥。覆碗状盖，圆形捉手。器身上部饰窃曲纹，下部为瓦纹，圈足饰垂鳞纹，三蹄形足上部浮雕兽面纹，盖饰瓦纹和窃曲纹。清高宗三十六年（1771年）乾隆皇帝颁赐宫中十件祭祀铜器给孔庙，用于祭祀孔子，俗称"商周十供"，此器为商周十供之一。

簋 春秋

2011年淄博市临淄区刘家新村墓地M28出土

现藏齐文化博物院

通高20.8、口径16.4厘米

　　子口内敛，扁圆腹，圜底，喇叭形圈足，下置三个较高扁状附足，腹部置对称兽形环耳。上置覆豆形盖，盖上有捉手形纽。器盖和上腹部均饰一周S形中目窃曲纹。共出4件，形制基本相同，大小稍有差异。

簋

春秋

1978年沂水县刘家店子春秋墓出土

现藏山东省文物考古研究院

通高35.4、盘径24、足径17.7厘米

　　形似盖豆，簋身大口。方唇，折沿，浅盘，底略平，喇叭形圈足。半球形盖，盖顶有八瓣镂空莲状捉手，盖沿有四枚兽首小卡纽。圈足中部为蟠螭纹，下部饰镂空鳞纹，盖上饰三周纹饰，分别为蟠螭纹、垂鳞纹、三角纹。盘内底有"公簋"二字铭文。同出7件，形制相同。

盖顶纹饰

盖沿纹饰

圈足下部纹饰　　　　　　　　圈足上部纹饰

簋 │ 春秋
　　　 │ 馆藏
　　　 │ 现藏青岛市博物馆
　　　 │ 通高9、口径10厘米

　　敛口，圆方唇，溜肩，扁鼓腹，圈足外侈，肩、腹相接处有对称兽首耳，螺旋状角高耸。肩部一周窃曲纹、腹部为瓦纹。器身可见浇铸时的错范痕迹，兽首造型粗犷，圈足不平，器身范线有的磨平，有的部位保留。

簠 春秋

1979年蓬莱市（现烟台市蓬莱区）辛旺集墓区
出土

现藏蓬莱阁景区管理服务中心

通高15、口径21、腹部最宽处12.8、
圈足底径13、腹深4.4厘米

　　敞口，宽沿稍内凹，腹部外鼓，有粗柄，
喇叭形圈足。腹部纹饰分两层，均为变形雷
纹。同出2件。

簠 春秋

1994年海阳县（现海阳市）嘴子前村M4出土

现藏海阳市博物馆

同出2件，形制、大小基本相同

通高16.8、口径18厘米

敞口，大宽沿向外斜折，圆腹，圜底，粗柄，底座呈喇叭形，下有台座。通体素面。

篁 春秋

1978年海阳县（现海阳市）嘴子前村出土

现藏海阳市博物馆

同出2件，形制、大小基本相同

通高12.4、口径16.1厘米

　　大宽沿外斜折，沿外缘又起一周细棱。浅腹，圜底近平，粗柄，喇叭形圈足。通体素面。

盨 春秋

1951年黄县（现龙口市）归城出土

现藏山东博物馆

通高15.3、口长20.8、口宽14.6厘米

　　器呈圆角长方形。子母口，腹近直壁，平底，圈足外侈，两边居中均有长方形凹缺，口两侧有附耳，耳与器间有双梁连接。覆盘形盖，盖沿下延作母口，盖顶有四个矩形纽。盖与器身均饰瓦纹。器内底与盖内对铭五行二十六字："曩伯子玹父，作其征盨，其阴其阳，以征以行，割眉寿无疆，庆其以藏。"

盖铭文

器铭文

盨 春秋

馆藏

现藏泰安市博物馆

通高15.1、口长24、口宽15.5厘米

　　失盖，椭方体。子口较长，腹微鼓，底微下凹，圈足外撇，四边均有花形缺口，沿下有对称附耳，一耳缺失。上腹部饰一周重环纹，下腹部饰瓦纹，外底可见加强筋。内壁有铭文："白荀父做旅□。"

簠 春秋

1960年泰安专署地（现泰安市）龙门口遗址出土

现藏泰安市博物馆

通高21.9、口长30.9、口宽25.5厘米

器身与盖形制相同，均为长方形覆斗形。方唇，平沿，斜直腹，平底，长方形圈足外侈，有台座，四周有圆角方形缺口，腹壁两侧各有一龙首形环耳。盖沿中部均有一个兽首扣形饰，以便相互扣合。盖与器身纹饰近同，均为口沿下环饰窃曲纹，腹环饰夔龙纹，圈足饰简化夔龙纹，圈足外底饰兽面纹。器盖内底对铭十七字："商丘叔作其旅簠其万年子子孙孙永宝用。"

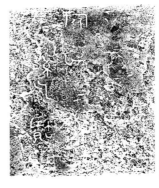 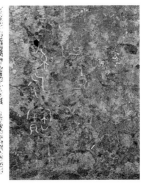

簠

春秋

肥城市乔家庄出土

现藏山东博物馆

通高20.3、口长29.1、口宽23厘米

　　器身与盖形制相同。长方体，口向外侈，斜壁，平底，圈足外侧居中有花形缺口。器身饰卷体夔纹，盖顶饰目雷纹。盖和器造型纹饰均相同。器盖对铭，各二行九字："史显作旅簠，其永宝用。"

簠 春秋
1972年滕县（现滕州市）狄庄村征集
现藏滕州市博物馆
通高16.3、通长28、通宽24、圈足长径18.2、
短径14.1厘米

　　呈长方覆斗形，仅存一合。直口，方唇，斜直
腹，平底，长方形圈足外侧，居中有弧形缺口，腹
有对称兽首形耳。器身饰象卷曲夔纹，盖内底部
有铭文："走马薛仲赤自作其簠，子子孙孙永保
用享。"

簠 春秋

1973年滕县（现滕州市）狄庄村征集

现藏滕州市博物馆

通高16.5、口长29、口宽24厘米

　　呈长方覆斗形，器、盖形制和纹饰基本相同。直口，方唇，平口相合，腹向下斜收，平底，圈足外侧，居中有弧形缺口，腹有对称兽首形耳。口沿饰一周连索纹，器身饰卷体夔纹。铭文刻在盖、底内，对铭铭文："薛子仲安作旅簠，其子子孙孙永保永享。"

簋 春秋

2002年枣庄市山亭区东江村小邾国贵族墓地M3出土（M3：11）

现藏枣庄市博物馆

通高17.2、盖顶长18.3、盖顶宽15.3、口长29.7、口宽25厘米，重4.5千克

器盖形制相同。敞口，方唇，平折沿，斜直腹下收，平底，长方形圈足外撇，四周边的中部各有一长方形缺口，盖、器腹部的两端各有一对龙首耳，龙吐舌下弯呈半环形，器沿两侧的中部各铸有一兽形纽。盖顶部饰S形双首龙纹，腹壁及圈足各饰两两相随的长鼻曲体龙纹。盖顶内、器底内铸有竖款四行二十一字相同铭文："邾公子害自作簋，其万年眉寿无疆，子子孙孙永宝用。"同出3件，其中2件破碎较甚。形制、纹样、铭文相同，大小略有差异。

簠 | 春秋
2002年枣庄市山亭区东江村小邾国贵族墓地M2出土（M2∶11）
现藏枣庄市博物馆
通高17、口长28、口宽24、底长16.4、底宽13.3厘米，重4.4千克

　　器盖形制相同。敞口，方唇，平折沿，斜直腹下收，平底，长方形圈足外撇，四周边的中部各有一长方形缺口。盖、器腹部的两端各有一对龙首耳，龙吐舌弯曲呈半环状，器沿四周的中部各铸有一兽形纽。口沿下及圈足各饰一周窃曲纹，每一腹壁上饰变形龙纹，盖顶部饰有目窃曲纹。盖顶内铸有竖款四行二十字铭文，器底内铸竖款三行十六字铭文。盖铭"鲁酉子安母，肇作簠其眉，寿万年子子，孙孙永宝用"，器铭"正叔止士缯，俞作旅簠子子，孙孙永宝用"。

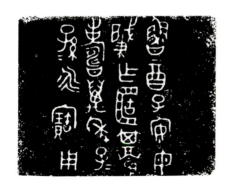

簠 | 春秋
2002年枣庄市山亭区东江村小邾国贵族墓地M2出土（M2：12）
现藏枣庄市博物馆
通高17、口长28、口宽24、底长16.4、底宽13.3厘米，重4.4千克

　　器盖形制相同。敞口，方唇，平折沿，斜直腹下收，平底，长方形圈足外撇。盖、器腹部的两端各有一对龙首耳，龙吐舌下弯呈半环形，器沿四周的中部各铸有一兽形纽。盖顶部饰有目窃曲纹，口沿下及圈足各饰一周窃曲纹，每一腹壁上饰变形龙纹。盖顶内铸竖款四行二十字铭文，器底内铸竖款四行十二字。盖铭"鲁酉子安母肇作簠，其眉寿万年，子子孙孙永宝用"，器铭"鲁宰觥作旅簠，其万年永宝用"。

簠 | 春秋
孔府旧藏
现藏孔子博物馆
通高8.6、口长28.5、口宽22厘米，重3.4千克

　　长方形。直口，方唇，折沿，腹斜收，长方形圈足外侈，居中有弧形缺口，兽首形双耳。口沿下饰一周乳丁云雷纹，器腹饰相背夔凤纹。器内底铸有三竖行十一字铭文："□自作□簠其子孙永宝用。"清高宗三十六年（1771年）乾隆皇帝颁赐宫中十件祭祀铜器给孔庙，用于祭祀孔子，俗称"商周十供"，此器为商周十供之一。

簠 春秋

1978年滕县（现滕州市）薛国故城遗址M1出土

现藏济宁市博物馆

同出2件，形制、大小稍有差异

一件通高17.3、口长27.3、口宽21.6厘米，重4.483千克；

另一件通高17.3、口长26.9、口宽21.2厘米，重4.228千克

　　长方形覆斗形，器、盖形状基本相同。直口，方唇，平沿，腹斜直，平底，圈足外侈，四边居中有长方形缺口，两侧饰兽首半环形耳。四坡饰蟠螭纹，口沿下饰连索纹，盖顶纽内饰窃曲纹，两件盖顶的纹饰稍有不同。M1：76，蟠螭纹上点缀乳丁纹，出土时内盛粟米类食物，已经炭化。M1：77内也有盛放三角形的食物。

M1：76

簠 | 春秋
1963年肥城县（现肥城市）小王庄出土
现藏山东博物馆
通高17.5、口长26.7、口宽22厘米

　　长方体，器和盖形制相同。直口，方唇，平折沿，斜直腹，平底，盖顶、器底皆设兽形四足，器和盖两侧各有一拱背卷尾状的兽耳。口沿下饰窃曲纹，腹饰象首纹（或称卷体夔纹），器与盖纹饰相同，唯盖沿有小兽首扣饰。同出2件，形制相同。

簠 春秋

2009年枣庄市徐楼M1出土

现藏枣庄市博物馆

同出4件，修复3件

通高21.4、口长29.2、口宽22.8厘米

　　盖、器基本相同，长方体。直口，方唇，平折沿，斜直腹，平底，下有矩形圈足外侈，四边均有缺口，盖、器两端各置一兽首耳。盖顶及下腹饰浮雕蟠龙纹，上腹饰三角形纹，内填卷云纹，足饰蟠螭纹。

簠 春秋

1982年临沂市凤凰岭东周墓出土

现藏山东省文物考古研究院

通高20.7、口长31.2、口宽23.5厘米

深直口，平唇，斜直腹，长方形圈足外侈，中间有弧形缺口，腹部有对称镂空兽头形耳，簠口沿、腹部通体饰细密蟠虺纹，圈足上作镂空蟠结的蛇纹。盖与簠身形制完全相同，唯盖口有六个兽面纹铺首做卡扣，长边各二、短边各一。

簠 | 春秋
1976年平邑县蔡庄村出土
现藏平邑县博物馆
通高19.7、口长29.5厘米

　　呈长方形，盖与器形制相同。直口，斜直腹，平底，圈足外侈，四边居中有弧形缺口，腹部饰对称兽首环耳。簠身饰窃曲纹。簠底盖内均有铭文，内容相同，计五行二十二字："郳叔虢作杞孟□□簠其万年眉寿子子孙孙永宝用享。"同出3件，此件保存最好。

铺 | 春秋

1969年曲阜县（现曲阜市）北关出土

现藏山东博物馆

通高26.3、口径27.5厘米

　　方唇，窄折沿，浅直腹，平底，粗柄，喇叭形圈足，弧顶盖，盖顶饰禽状三纽。通体饰夔纹，柄部及足部有镂孔。

盖中央纹饰

盖边缘纹饰

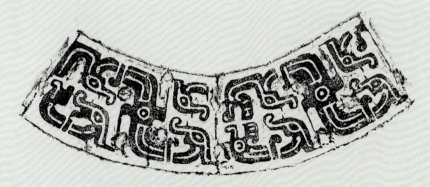

盖边缘纹饰

柄部纹饰

圈足纹饰

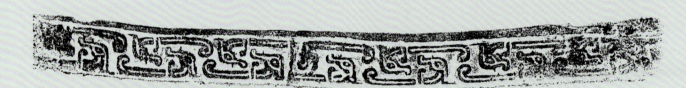

腹外壁纹饰

铺 | 春秋

1995年长清县（现济南市长清区）仙人台遗址M6出土

现藏山东大学博物馆

同出2件，形制、大小基本相同

通高32、口径26.5、足径18.7厘米

　　方唇，平沿，浅直腹，平底，粗矮柄，喇叭形足。半球形盖，盖顶有花瓣形捉纽。盘壁外侧饰窃曲纹，足饰镂空环带纹，盖面饰凤鸟纹，并有云雷纹衬底，盖顶饰一卷曲凤纹。

左器

铺 | *春秋*
2012年沂水县纪王崮墓地M1出土
现藏山东省文物考古研究院
南器物箱出土7件，形制、大小略有差异
通高32.9～33.8、口径23.9～26.1、足径18.5～22.5厘米

　　浅平盘，方唇，斜折沿，直壁，平底，喇叭形圈足。半球形盖，盖顶有八花瓣形捉纽，盖面四周均匀分布四个扉棱。盖顶、盖壁、盘壁两周绹纹凸棱之间及圈足宽凸棱上皆饰蟠螭纹，圈足上、下各有绹纹凸棱，中间有一较宽凸棱，盖顶及盖面分别有两周绹纹凸棱，花瓣、扉棱及圈足饰镂空蟠螭纹。

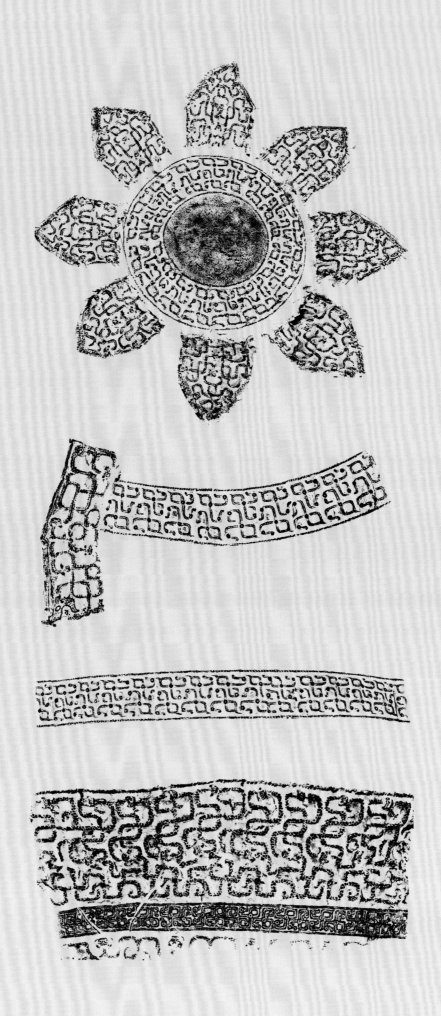

铺

春秋

2009年枣庄市峄城区徐楼M1出土（M1：24）

现藏枣庄市博物馆

同出2件，其中1件破碎、已修复，形制、纹样、铭文相同，大小略有差异

右器：通高24.6、口径24.6、底径22.4、足径17.6厘米

器为浅盘，口微敞，方唇，平窄折沿，腹壁较直，平底，粗柄，喇叭形圈足。覆钵形盖，盖顶置有八个外卷的花瓣，盖沿部有四个对称小纽与器口相扣。花瓣上为镂空蟠螭纹，盖顶中心、外围及腹部各饰一周蟠螭纹，柄、圈足饰长方形镂孔。盖内及盘底部均铸有六行二十八字相同铭文："有殷天乙唐（汤）孙宋公固乍（作）叔子铺（豆）□其眉寿万年子子孙孙永宝用之。"

敦 | 春秋
滕州市薛国故城遗址M147出土（M147：5）
现藏山东省文物考古研究院
通高18.9、口径23.2、底径13.2厘米，盖径23.7厘米

方唇，窄平沿，束颈，深腹微鼓，平底，腹部有一
对环形耳。口上承盖，盖方唇，平沿，盖面隆起，上有
圆形捉手，盖沿有三个卡扣。盖面捉手内有一龙纹，盖
沿一周云纹。

敦 | 春秋
1994年海阳县（现海阳市）嘴子前村出土
现藏海阳市博物馆
同出2件，形制、大小相同
通高14、口径20厘米

　　尖唇，卷沿，束颈，浅腹，平底稍内凹，双扁环形耳。腹部有二道凸棱。盖为覆盘形，盖沿弧向下作母口与器扣合，喇叭形捉手，周缘有三个兽头形小扣。盖外缘饰二道雷纹和一周三角勾线纹，内饰一周三角勾线纹。捉手内亦饰三角勾线纹，盖捉手内图案为外周二龙首尾相接，中心为二龙相交。其中一件盖部有裂纹。

敦 | 春秋

1978年海阳县（现海阳市）嘴子前村出土

现藏海阳市博物馆

通高17.4、底径12厘米

　　方唇，卷沿，束颈，浅鼓腹，大平底内凹，上腹部设对称扁环形耳，饰二道凸弦纹。盖为覆盘形，方唇，折沿，向下与器口相合，周缘设三只等距卡扣，盖顶为圆形捉手。器壁甚薄。通体素面。

敦 春秋

2009年枣庄市徐楼M1出土

现藏枣庄市博物馆

同出2件，形制、大小相同

通高14.6、口径25.6厘米

　　方唇，窄沿，束颈，腹微鼓，平底，上腹附一对三棱形环耳。隆盖、盖顶置喇叭形捉手，盖沿有三个小纽与器沿相扣。捉手内饰镶嵌红铜的齿状纹和涡纹，盖面及下腹各饰一周镶嵌红铜的齿状纹，盖缘及上腹各饰一周镶嵌红铜的八只兽纹，四只奔跑间以四只顾首。

敦

春秋

1999年莒县闫庄镇宋家当门村出土

现藏莒州博物馆

通高14.3、口径22.6、底径12.5厘米

　　圆唇，小卷沿，束颈，腹部微鼓，平底，腹上有一对半环形耳。弧顶盖，盖顶部有四个对称的半环形纽，盖沿平折，有三个卡扣。器内底有铭文："齐侯作媵□孟姜善敦，用祈眉寿万年无疆。它它熙熙，男女无期，子子孙孙，永保用之。"

敦 | 春秋
招远市寨里村墓地出土
现藏烟台市博物馆
通高14.8、口径24.1厘米

方唇，窄折沿，束颈，浅腹，平底，二环耳。弧顶盖，方唇，平沿，盖顶
有四环纽，盖沿有小卡扣。器饰两道凸棱弦纹。同出2件，形制相同。

敦 春秋

1964年淄博市齐都镇东古城村出土

现藏于齐文化博物院

通高12.5、口径11.5～12厘米

子母口带盖。口微敛，口内折作子口，深圆腹，圜底，三人形足，作双手扶膝跪状，近口部有对称环耳。覆钵形盖，盖面微隆，上面有四环纽。器身两组纹饰带，器盖三组纹饰带，均是以绚纹为界，纹饰均以颗粒状纹饰为地，饰蟠螭纹。蟠螭身体以简单的线条表示，螭首明显。

敦 春秋
1983年滕县（现滕州市）坝上遗址出土
现藏滕州市博物馆
通高19.8、口径22.5厘米

　　敛口，方唇，小翻沿，束颈，鼓腹，圜底近平，三蹄形矮足，上腹附一对环形耳。隆顶盖，方唇，小平沿，盖顶置圈状捉手，盖沿有三个小卡扣。口沿下饰一周横鳞纹，肩部饰一周窃曲纹，上腹饰一周凸弦纹，下腹饰两周垂鳞纹和一周横鳞纹，盖面满饰垂鳞纹。

敦 | 春秋
1946年泰安市徂徕黄花岭出土
现藏泰安市博物馆
通高21.3、口径21.3厘米

　　方唇，窄折沿，束颈，深腹，平底，下附三蹄足，腹部有对称环耳。隆顶盖，方唇，平沿，盖顶有圆形提手。腹部有两条弦纹，口沿有三个卡扣。

敦 春秋
青岛市黄岛区六汪村征集，捐赠者称出土于山周村后的齐长城脚下
现藏青岛市黄岛区博物馆
通高11、口径21、足高3厘米

方唇，卷沿，束颈，浅腹，圜底近平，三蹄足，双环耳。未见盖。通体
饰乳丁纹。器内有铭文三行十五字："荆公孙铸其善敦，老寿用之，大宝
无期。"

敦 春秋

2017年曲阜市老农业局墓地M6出土

现藏山东省文物考古研究院

通高17.4、通长23.5厘米

整体呈长椭圆体。敛口作子口，微卷沿，深腹，上腹部鼓腹，下腹部斜收，小平底，花瓣形方圈足，近口部有对称环耳。弧顶盖，盖沿下延作母口，顶部有长方形花瓣形捉手。器身有细密的蟠虺纹，圈足和捉手的花瓣形上均为蟠螭纹。

敦 | 春秋
1988年莒县于家沟出土
现藏莒州博物馆
通高27.2、口径28.3厘米

　　通体扁圆形。敛口，口内折作子口、舌较短，鼓腹，平底，口沿下有对称环耳。盖与器的器型基本相同，唯盖口沿作母口与器相合，盖腹较浅。器口沿、盖口均有一周蟠虺纹。

敦 | 春秋
2011年沂水县纪王崮墓地出土
现藏山东省文物考古研究院
同出4件，形制相同
通高19.2～20.4、口径23.2～25.9、底径13.5～14.2厘米

　　子母口，器盖形制基本相同。器子口，鼓腹较浅，平底，沿下及盖两侧各
饰一对称环耳。素面。车马坑出土1件，器物箱出土3件。

273

敦 | 春秋
1975年莒南县大店墓地出土
现藏山东省考古研究院
通宽29、通高19、口径22.2、底径14厘米，盖口径24厘米，重3.22千克

敛口内折作子口，鼓腹小平底，盖沿、口沿各有两个两对的环耳。覆钵形盖，盖面圆鼓，盖沿下延作母口，盖顶面有三个环纽。盖沿、口沿饰一周蟠螭纹。

盖面纹饰

腹部纹饰

敦 | 春秋

1982年临沂市凤凰岭春秋墓坑出土

现藏山东省文物考古研究院

通高16.9、通宽29、敦口径20.2、敦底径13.6厘米，盖顶径12.3厘米

器、盖两部分组成，形制稍有差异。器敛口作子口，鼓腹，大平底，器、盖的口沿处各有对称环耳。盖面隆起，平顶，盖沿延伸作母口。盖沿有一周不明显的凸箍。保存较好，通体锈红色。

豆

春秋

征集

现藏滕州市博物馆

通高27.5、口径19.8、底径13.8厘米

　　子母口，敛口作子口，圆腹，圜底，柄较粗，圈足底缘呈低台式，足缘较厚实。口上承盖，盖面隆起，上有圈足形捉手。盖面、腹部均饰一周变体龙纹。

豆

春秋

1970年淄博市临淄区白兔丘村东淄河滩出土

现藏齐文化博物院

通高21.2、口径18厘米

敛口，方圆唇，束颈，豆盘较深，细柄，喇叭形圈足，两侧置对称圆环形耳。盘腹内壁有二十字铭文："惟王正九月辰在丁亥，可忌乍厥元子仲姑滕女敦。"

豆 | 春秋

1988年邹县（现邹城市）纪王城村出土

现藏邹城市文物保护中心（邹城博物馆）

通高24.2、口径19.1、足径11.2厘米，重1.23千克

　　方唇，窄折沿，束颈，鼓腹，圜底，短柄，喇叭形圈足，器有对称环耳。隆顶盖，圆形捉手，盖方唇平沿与器的沿相合，盖沿有三个卡扣。器饰两周蟠螭纹，捉手有篦点纹为地的变形龙纹，盖上还饰两周蟠虺纹。

豆 春秋

2017年曲阜市老农业局墓地M6出土

现藏山东省文物考古研究院

通高27.2、通宽21.3厘米

　　口内收作子口，微卷沿，扁圆腹，圜底，粗矮柄，花瓣形圈足，腹部两侧有对称环耳。隆顶盖，盖沿下延作母口，花瓣形捉手。豆腹部有两周、盖上有两周、柄部有一周蟠螭纹，花瓣形圈足及捉手上也有蟠螭纹。

豆

春秋

1982年滕州市杜庄村征集

现藏滕州市博物馆

通高25.2、口径14.8、底径11.5厘米

　　子母口，圆腹，圜底，柄较细，圈足底缘呈低台式，腹有二对称环形耳。口上承盖，盖面隆起，上有三个环形纽。盖内有铭文二行六字："滕侯昊之御敦。"

盒 春秋

2009年枣庄市峄城区徐楼出土

现藏枣庄市博物馆

同出2件，形制、大小略有差异

M1：2：通高6.8、口径4、上腹径7、下腹径8.6、足径6.6厘米，重0.27千克

盒呈圆形。器圆唇，小卷沿，双扁腹外鼓，上腹肩部有一对称的小系，一系缺失，平底微内凹，矮圈足。有盖，盖顶隆起中间有尖，下折沿与器口相扣。肩饰乳丁纹，上腹饰数周凸弦纹，间饰密集的乳丁纹，盖面及下腹饰菱格纹。底中部有一道范线。

M1：1

M1：2

M1 : 1

M1 : 2

奁

春秋

莒县出土

现藏山东博物馆

通高7.5、通长12、通宽7.5厘米

器身长方体。顶部有两扇可以对开的小盖，以对面跽坐的男女裸人为盖纽，以六个裸人为器足，器身饰垂鳞纹。

匧 春秋
2002年枣庄市山亭区东江村小邾国贵族墓地M3
出土（M3：15）
现藏枣庄市博物馆
通高7.3、通长14、通宽10.7厘米，重0.684千克

　　器呈长方体，顶部有两扇可开小盖，盖面上
铸有卧虎和蹲兽形纽。四壁中部各附一伏兽，平
底，圈足，正、背面的两端各饰半裸人，间饰镂
孔。上盖及四周饰夔龙纹，底部有加强筋。底部
有大块的补铸痕迹。

壶 | 春秋

2002年枣庄市山亭区东江村小邾国贵族墓地出土

现藏枣庄市博物馆

同出2件，形制、纹样、铭文相同，大小略有差异

M2：1：通高46.5、口径15、足径28厘米，盖径14.4厘米，重12.02千克

器侈口作母口，长束颈，垂腹，平底，喇叭圈足外撇，颈部附一对长鼻龙首耳，龙舌下弯呈半环状衔一圆形扁体环。有盖，盖顶有喇叭形捉手，深子口。器肩、上腹部各饰一周凹弦纹，颈及腹饰三周波带纹，圈足饰垂鳞纹，耳环饰重环纹，捉手顶部饰窃曲纹，捉手外饰垂鳞纹，盖饰有目窃曲纹。底中部有一道范线。盖深子口和器母口处铸有竖款十六字相同铭文："邾君庆作秦妊礼壶，其万年眉寿，永宝用。"盖八行，器四行。

M2 : 1

壶 │ 春秋
1978年滕县（现滕州市）薛国故城遗址M4出土
现藏济宁市博物馆
通高38、口径16.5厘米

　　敞口作母口，粗颈，鼓腹略垂，矮圈足，颈中部饰对称兽首耳。弧顶盖，盖缘下折，沿内折作子口。颈部饰窃曲纹，腹饰垂鳞纹，盖顶四花瓣形纽，纽饰三角雷纹，盖缘饰窃曲纹。同出2件，形制、大小相同。

壶

春秋

1995年长清县（现济南市长清区）仙人台遗址M6
出土（M6：B29）

现藏山东大学博物馆

通高43.7、口径16.5、底径20.5厘米

口微外侈，长束颈，腹下垂，圈足外侈，颈两
侧有环形耳。有盖，盖面沿下折作子口，盖顶较
平，上有六个外撇的花瓣。颈部环形耳以上饰蟠虺
纹，以下饰垂鳞纹，盖面也饰垂鳞纹。同出2件，
大小、形制相同。

壶 | 春秋
2011年淄博市临淄区刘家新村墓地M28出土
现藏齐文化博物院
通高35、口径11.8厘米

　　器盖和器体以子母口扣合。器体为母口，口略外侈，长颈，垂腹外鼓，喇叭形高圈足，颈中部置对称兽首耳，下衔圆环。盖呈半圆，盖沿内折作子口，六瓣捉手呈镂空状。颈、腹部饰波带纹，上腹部饰窃曲纹，盖饰窃曲纹。同出2件，形制、大小、纹饰均相同。

293

壶

春秋

1978年滕县（现滕州市）薛国故城遗址M1出土

现藏济宁市博物馆

通高41、口径14.8、底径16～17厘米，
重6.05～6.12千克

　　侈口作母口，长束颈，鼓腹略呈垂腹，圈足较高，颈部饰两兽首半环形耳。覆钵形盖，隆顶，上饰六个花瓣形纽，盖内折作子口。盖沿、上腹饰窃曲纹，颈部、腹部饰波带纹，圈足饰垂鳞纹。器身为双合范，范线明显，未经打磨，有错范、补铸的现象。同出2件，形制基本相同。

294

壶

春秋

1978年沂水县刘家店子墓地M1出土

现藏山东省文物考古研究院

通高47、口径16.5、足径23厘米

壶口微敞，粗束颈，腹外鼓略下垂，圈足，颈两侧有兽首衔环耳。盖略鼓，盖顶有二盘龙捉手，龙昂首做盘旋追逐状。颈部两周纹饰带，分别为变异蟠螭纹夔龙，腹间三周纹饰，上两周为变异蟠螭纹，下一周为倒三角形纹，内填变异夔龙纹。壶腹有"公铸壶"三字铭文。

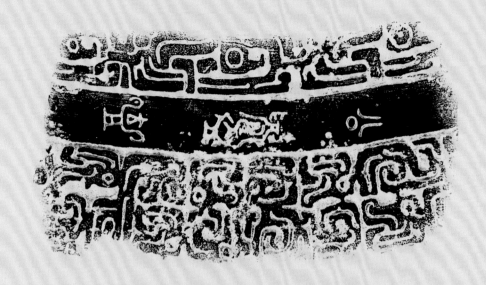

壶 | 春秋
2002年枣庄市山亭区东江村小邾国贵族墓地出土
现藏枣庄市博物馆
同出2件，形制、纹样、铭文相同，大小略有差异
M3：2：通高45.8、口径17.4、足径25.2厘米，重14.3千克

　　敞口，平沿内收，长束颈，鼓腹下垂，平底，喇叭形圈足，颈部附一对龙
首耳，龙舌下弯呈半环状衔一圆形环。颈部及圈足饰鳞纹，腹上部、下部各饰
五周凹弦纹，中间饰蝉纹。颈内铸竖款三行十八字铭文："昆君妇媿霝作旅车
壶，其年万子子孙孙永用。"

左

右

299

壶

春秋

1963年临朐县杨善镇出土

现藏山东博物馆

通高29.5、口径8厘米

敞口，长颈，圆鼓腹，矮圈足，领部有对称环耳，腹中部饰凸弦纹两道及环耳一个。口上有弧顶盖，内折作子口，盖环与颈耳有提链相贯连。器颈外阴刻铭文六行三十九字："公孙灶立事岁，饭者月，公子土折作子中姜□之般壶，用祈眉寿万年，永保其身，子子孙孙永保用之。"

壺 | 春秋
2002年新泰市周家庄墓地M2出土（M2：2）
现藏新泰市博物馆
通高43.8、口径9.4、底径12.8厘米

直口作子口，粗长颈，溜肩，鼓腹，矮圈足，颈与肩之间一对环耳与提梁套接，弧形提梁，梁由两侧对称的三个双环柄套接而成。弧顶盖，盖沿折壁作母口，顶面有三个环形纽。肩、腹、足部装饰绳索纹，其上为斜线纹。

壶 | 春秋
沂水县李家庄出土
现藏山东博物馆
通高28.7、通耳宽32厘米

　　器型矮扁，横剖面呈椭圆形，子母口带盖。小口，大鼓腹呈垂腹，矮圈足略外撇，上腹部有两对称长贯耳。弧顶盖，盖口内折作子口，盖顶有圆形捉手。盖沿、口沿均饰一周重环纹，器身有凸起的宽带，上有阴线装饰。

壺 | 春秋
1963年莒县天井汪出土
现藏山东博物馆
通高37.8、口径14厘米

微敞口，粗颈，深圆腹，小平底，颈、腹结合部有对称环耳。有盖，平顶，居中有一蛇弓身而成的小环纽，边缘有兽首衔圆环与颈腹部的环纽相对应。盖沿、颈部、上腹部各有一周蟠螭纹，颈部的上、下各有一道小菱形组成的装饰，腹部亦有一周蟠螭纹，下接倒三角形纹，内填蟠螭纹，底部边缘有绳索装饰。

壺

春秋
2012年沂水县纪王崮墓地出土
现藏山东省文物考古研究院
通高38.5、口径14、足径15厘米

　　小口微敛，颈略束，圆腹，腹最大径偏下，矮圈足，颈两侧各有一贯耳。平盖、盖中间有一双头蛇形半环形纽，两侧有兽首绹纹衔环。盖面、颈部及上腹饰蟠螭纹，近腹中部饰倒三角纹，内填蟠螭纹，圈足外凸并饰绹纹，贯耳整体呈兽首形，两侧为立兽，上有两对称相交的蛇纹。

壶

春秋
1978年沂水县刘家店子墓地M2出土
现藏山东省文物考古研究院
通高35、通宽26、口径10.5厘米，
盖高5.2、盖径10.6、盖宽13.6厘米

　　微敞口作母口，短颈微束，长深腹，
平底，矮圈足，壶口沿处有对称贯耳。盖
微隆，盖内折作短子口，盖面中央有昂首
蹲坐的鸟形纽，盖边缘有对称贯耳，与
壶口沿的贯耳相对应。壶身颈部一周窃
曲纹，壶身均为垂鳞纹。底有网格状加
强筋，足边缘呈绳索状，盖面有一周窃
曲纹。

305

壶 | 春秋
1978年滕县（现滕州市）薛国故城遗址M2出土
现藏济宁市博物馆
通高36、口径15、底径16.3厘米

侈口作母口，粗束颈，鼓腹略呈垂腹，圈足略高，外侈，颈部有对称兽首环耳。覆钵形盖，盖沿内折作子口，盖顶有花瓣形捉手。颈部、上腹部饰窃曲纹，腹部饰垂鳞纹，盖沿饰蟠螭纹。纹饰粗糙，范线清晰未打磨，有错范的情况。同出2件，形制、大小相同。

壶 | 春秋
临朐杨善灌电站出土
现藏山东省文物考古研究院
通高40、口径13.5、腹径21.6、底径16.6、盖通宽14、通高7.2厘米

　　子母口带盖。器敞口作母口，粗束颈，深腹，腹部最大径偏下，略呈垂腹，圈足下有高台座。盖为覆钵形，平顶，沿部内折作子口，顶上原有4个轻薄扁环纽，残损严重。盖缘饰一周窃曲纹，器身饰两周波带纹，圈足饰一周重环纹。全部的纹饰均极浅。器身打磨痕迹明显，未见明显范线。

壶

春秋

馆藏

现藏烟台市博物馆

通高37、口径8、底径11.5厘米

小口微敞，长颈，溜肩，长深腹，平底，带矮圈足，颈、腹结合部有对称贯耳，下腹部有一环耳。器身从颈部以下饰鳞纹。

壶 | 春秋
1978年滕县（现滕州市）薛国故城遗址出土
现藏济宁市博物馆
通高32.8、口径9.7厘米

口剖面呈圆角方形，器腹剖面呈椭圆形。侈口，短颈，鼓腹，底微内凹，肩部饰两环耳，腹下部一侧置环纽。器物居中两道绳索纹，上道绳索纹以上饰一周三角纹及四周重鳞纹，两道绳索纹之间饰一周云纹及一周三角纹。

壶 | 春秋

1987年枣庄市峄城区沙河拓宽工程出土

现藏枣庄市博物馆

通高34.5、口径14.6、腹径30、底径15.8厘米，重10.58千克

侈口，方唇束颈，圆鼓腹，圜底近平，圈足，肩部有一对称的半环形耳，腹下部的一侧有一小半圆形耳。颈部饰波曲纹，肩部饰细竖条纹，上腹部饰三角形纹，下腹饰竖细绳纹和宽三角形纹。同出2件，形制、纹样相同，大小略有差异。

壶 | 春秋

1969年烟台市上乔村东墓地出土

现藏于烟台市博物馆

通高34.5、口径12.8、底径15厘米

方唇，侈口，细长颈，肩稍鼓，圆鼓腹，凹底，肩有双环耳。颈部及肩部各饰一道弦纹，腹至肩饰三层三角纹，填以紧密的竖线。

壶 春秋

1972年日照县（现日照市东港区）陶家村村委征集

现藏日照市博物馆

通高36.5、口径16.7、底径21.6厘米，重10.492千克

长直口，口、肩部有台阶，溜肩，圆鼓腹，平底，矮圈足外撇，肩部附有两个对称的环耳。未见盖。器身素面。

壶 | 春秋
1978年曲阜县（现曲阜市）鲁故城M30出土
现藏孔子博物馆
通高20、底径10、腹径12.5厘米

器呈卵形，整体铸造。穹顶，腹鼓，圈足
外撇，器身上部两侧各一环耳。器身纹饰山纹
中以双凸弦纹分隔。器身范线明显。

壶 | 春秋
1976年日照县（现日照市）崮河崖墓地M1出土
现藏日照市博物馆
同出2件，形制基本相同
通高43、口径10.3、底径18.4厘米，盖高7.6、盖径10.1厘米

　　器身整体呈卵形，子母口带盖。器敛口作母口，溜肩，深鼓腹，平底下有圈足，肩部、下腹部各有一对称环耳。盖顶略隆，上有圆形捉手，盖缘下折，沿内折作子口。器物满饰纹饰，器身范线明显，器物铸造为四分范，将自上而下四组纹饰均横向分为四部分，纹饰带之间以细阳纹或浅凹槽为界，最上部为窃曲纹，上腹部、下腹部饰浅凹槽组成的三角纹，内填三角直线纹，腹中部为回首卷龙纹。盖顶捉手内饰卷云纹，盖顶饰窃曲纹，盖缘饰重环纹。

右

壶 | 春秋
1976年日照县（现日照市岚山区）六家庄子出土
现藏日照市博物馆
通高43、口径8.5、底径17.5厘米

瘦长体，未见盖。敛口，溜肩，垂腹，矮圈足外撇，肩部饰四个对称半环形贯耳，与器身竖向的双道绳索状纹饰相连，将整个器物腹竖向分为四个单元。腹中部还有一道横向双道绳索状，绳索纹相交处有凸出的菱形棱脊，喇叭形圈足上有对称的两个方孔，腹部饰以云雷纹为地的龙纹，上下可分为四组纹饰，最上部、最下部均为双首龙纹，中间两组为两长尾龙缠绕状，圈足饰两道凸弦纹。口残缺。

壶 | 春秋
1978年沂水县刘家店子春秋墓车马坑出土
现藏山东省文物考古研究院
通高13、通长14.5、通宽7.5厘米

　　开口为长椭圆形。微敞口作母口，方唇不明显，扁腹，圆底，口沿处有小贯耳，圈底处有小环纽。隆顶盖，盖内折作短子口，两端有两环耳与器贯耳对应。器身上部为窃曲纹，下有两凤首向背，凤尾缠绕，盖面纹饰为两龙长尾缠绕，龙首相对。

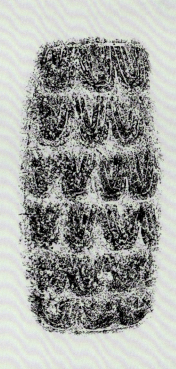

壶 | 春秋
1981年莒南县尤家庄子出土
现藏莒南县博物馆
通高29、口径7.5厘米

　　整体瓠形。壶口微侈，短颈，鼓腹，矮圈足，边缘呈绳索状，一面有两节环扣提梁。肩饰蟠螭纹，腹饰鳞纹，圈足为绚纹。保存状况一般，口稍残，纹饰不甚清晰。

壶 | 春秋
馆藏
现藏蒙阴县文物保护中心
通高34.5厘米

　　整体弧形。颈曲向一侧，壶口、壶底截面呈椭圆形，圆腹，平底，颈下部与腹下部在内弯处铸有两个半圆形铜环，环与环之间用两节铜链相连，两节铜链的两端均为圆形，环环相扣连在一起，做把手用。口沿以下至近底部饰鳞纹。

壶 | 春秋
莒县天井汪出土
现藏山东博物馆
通高31、口径8.8厘米

　　整体瓠形。小口微敞，粗颈，圆腹，小平底带矮圈足，边缘有绳索状装饰，一侧有龙形鋬，龙首回旋，张口凸目，螺纹角较高，龙弓身，尾上卷，龙身有细密的装饰，腹部一侧有小环纽。从颈部以下满饰纹饰，颈部饰一周三角纹，内填蟠螭纹，腹中部以上均为蟠螭纹，下部均为小垂鳞纹。

壺 | 春秋
2012年沂水县纪王崮墓地出土
现藏山东省文物考古研究院
通高36.8、足径8.8厘米

　　整体瓠形。直口，沿下有一对对称的圆孔，束颈，鼓腹，矮圈足。上有一盖，盖面有直口流，半环纽，小圆孔，三者呈一条直线分布。一侧有一提梁，提梁通过两半环形纽与器体连接，提梁两端呈兽首衔环状。素面。

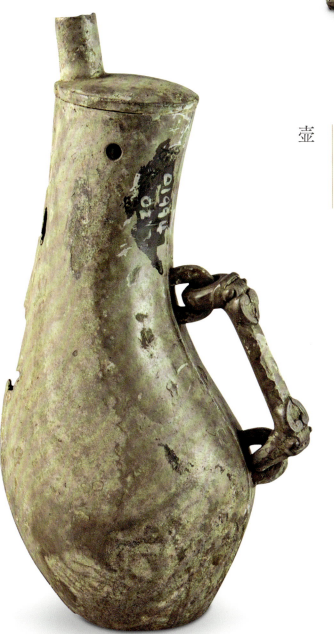

壶

春秋

招远市寨里村墓地出土

现藏烟台市博物馆

通高26.7、流径2、口径6.5、底径6.5厘米

整体瓠形。直口，长束颈，鼓腹，平底。有盖，短子口，盖顶略鼓，有短直流。器身一侧有两环纽，连接一兽首直条錾，与錾相对的一侧有两道凹槽。

壶 | 春秋
1988年莒县于家沟出土
现藏莒州博物馆
通高34.6、口径8.2、底径9厘米

　　整体瓠形。直口，长颈，鼓腹，最大径偏下，平底。有盖，短子口，顶略鼓，盖上有环纽和小直流。兽首八棱活动鋬，通过颈部、腹部的圆环与器身相连。通体素面，矮圈足饰绚索纹。在颈下有铭文二十八字："莒大叔子孝子平作其盥□壶用征以□□以□岁子子孙孙永保用之。"

壶

春秋

1963年肥城县（现肥城市）小王庄出土

现藏山东博物馆

通高50.5、口径16.8×12.2厘米

椭方体。侈口作母口，长颈，垂腹，高圈足下有台座，颈两侧有象首套环耳。口上有高盖，上有方形捉手，长子口。盖、颈、足饰弦纹，腹饰"田字形"宽带纹。器盖对铭，各十三字："陈侯作妫橹䐅壶，其万年永宝用。"

壶

春秋

1995年长清县（现济南市长清区）仙人台遗址M6出土

现藏山东大学博物馆

通高63.5、口径20.2×15.5、底径29.5×22.3厘米

通体扁方。口微敞，长颈稍内束，鼓腹下垂，圈足下有高台座，颈两侧有凤鸟衔环状耳，环呈索状。盖内折作子口，顶为长方形纽，缘外卷。颈饰环带纹，颈腹之间有一条宽带纹，腹部蟠龙纹，四面各有一龙头，前腹与后腹的龙头为高浮雕，两侧的为浅浮雕，龙身盘绕卷曲，线条流畅，并以阴线表示细部；圈足上部饰垂鳞纹，下部为素面。捉手边缘、盖周边饰垂鳞纹，盖顶有两条盘绕的浅浮雕龙纹，其上有阴线纹。盖顶内侧与顶部内侧前后两面各有一相同的命形铭文。

壶 | 春秋
1994年海阳县（现海阳市）嘴子前村M4出土
现藏海阳市博物馆
通高40、口径26.8×18.8厘米

通体扁方。壶口微侈，长颈，腹微鼓，腹
大径偏下，高圈足有台座，颈部设一对龙首
环，耳为中空的管状，耳根有横插的销孔，耳
上部作螺旋角龙首。盖为长方体，盖顶长方形
提手，下为内插口。颈腹结合部饰一周变体龙
纹，其上、下各饰一周波曲纹，盖沿卷云纹。
同出2件，形制、尺寸均同。

壶

春秋

2005年淄博市临淄区国家村墓地M3出土

现藏齐文化博物院

通高15.7、口径4.3厘米

器呈方体。直口，短颈，鼓腹，平底。盝顶盖，顶面平，四面坡上有扁平纽。器身四面均有相同纹饰，自口沿至器底分为四层：口沿下饰一对夔龙，肩部饰一对凤鸟，上腹饰一组蟠螭纹，下腹饰一个羽人，羽人两侧各有一外向立鸟，盖顶饰花瓣、叶脉纹，四面坡饰云纹。

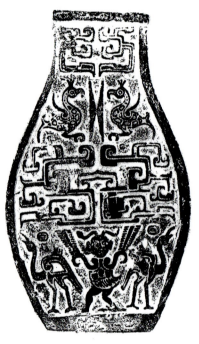